David Togni ist ein leidenschaftlicher Mann mit der Vision, das Licht, das ihm gegeben wurde, in die Welt um ihn herum zu tragen. Obwohl er vielen Prüfungen standhalten musste, hat sich David immer sein aufrichtiges Herz für Gott erhalten und trägt eine ansteckende Liebe für seine Mitmenschen in sich. Sein Blick und seine Kreativität im Modebereich haben einen Platz an der Spitze und er setzt seine Gaben auf einzigartige Weise ein, um eine starke Hoffnungsbotschaft zu verbreiten. Ich glaube, Sie werden beim Lesen dieses Buches inspiriert und herausgefordert werden, Gott mehr Glauben zu schenken. **Ben David Fitzgerald, Evangelist**

DAVID TOGNI | ANDREA SPECHT

LOVE YOUR NEIGHBOUR

ES GEHT NICHT UM MICH, ABER ES IST MEINE GESCHICHTE

BRUNNEN
Verlag GmbH · Giessen

Bildnachweise:

S. 10, 46, 58, 66, 84, 94, 112, 130, 168: Pascal Triponez, pascaltriponez.ch
S. 30, 188: David Togni privat
S. 142, 152, 211-215: The Seierlein's, theseierleins.com
S. 206: Text: David Togni, Gestaltung: Melissa Stutz

2. Auflage November 2016

© 2016 Brunnen Verlag Gießen
Lektorat: Konstanze von der Pahlen
Umschlagfoto: Mario Togni, mariotogni.ch
Umschlaggestaltung: Daniela Sprenger
Satz: DTP Brunnen
Druck: CPI – Ebner & Spiegel, Ulm
ISBN Buch 978-3-7655-0965-0
ISBN E-Book 978-3-7655-7459-7

www.brunnen-verlag.de

INHALT

Vorwort von Matthias Kuhn 7

1 LOVE YOUR NEIGHBOUR – die Vision 11

2 Heilige Orte 31

3 Der Riss 47

4 Schwer wie Blei 59

5 Gott, du musst gehen! 67

6 Who am I? 85

7 Champagner-Jahre 95

8 Grüne Aue to go 113

9 Morphium und Cortison 131

10 Gladiator-Style 143

11 It's not about me 153

12 Let's spread the love 169

13 Stop for the one 189

Nachwort 207

Dank 209

VORWORT

Gott schreibt seine Geschichte mit zerbrochenen und demütigen Menschen.

David Togni ist ein lebendiges Beispiel dafür. Zerbrochenheit ist nie das, was wir uns wünschen, und auch selten etwas, das schmerzfrei ist. Doch Menschen, die in all diesen Momenten ein vergebendes Herz behalten und Schutz beim himmlischen Vater suchen, werden mit etwas beschenkt, das sie anziehend und zum Vorbild macht. Sie werden zu Menschen, die den Himmel spür- und sichtbar auf die Erde holen und einen Geschmack verbreiten, der beGEISTert.

David Togni ist für mich einer dieser leuchtenden „Himmel-auf-die-Erde-bringenden" Menschen der heutigen Zeit! Dies geschieht nicht, weil er sich speziell anstrengt und seine Fähigkeiten taktisch clever ausnutzt, sondern weil er ein Mann ist, der Jesus und die Menschen liebt. Diese Liebe wurde geformt in der Zerbrochenheit wie Glas, das geformt wird in der Hitze des Feuers.

Ich staune, mit was für strahlenden Augen, mit was für einer Liebe und Aufmerksamkeit zum Nächsten und mit was für einer Beständigkeit und Klarheit David in seinem Leben Jesus verehrt. Eine Begegnung mit David ist erfrischend und weckt die Sehnsucht nach Jesus und seiner Liebe zu uns Menschen.

LOVE YOUR NEIGHBOUR ist daher nicht einfach ein faszinierendes Label, sondern sein „Lebensprogramm". Davids Leben, seine Erfolge, sein Dienst, seine Beziehungen zeugen davon und sind nicht entstanden, weil er alles richtig gemacht hat, sondern weil Jesus ihn souverän führt und David sich von ihm führen lässt.

So rasch sehen wir uns Erfolge an und ziehen menschliche Rückschlüsse. Der Rückschluss für Davids sichtbaren Erfolg liegt nicht im perfekten Businessplan, sondern in seiner Biografie, die davon gezeichnet ist, dass Jesus ihn in all dem Schmerzvollen durchgetragen hat und ihm dies heute zum Segen geworden ist. Unsere Autorität kriegen wir in unseren Wunden, die von Jesus geheilt wurden. Davids Leben ist ein gewaltiges Zeugnis davon.

Mose wurde von seinem Volk abgelehnt mit den Worten: „Wer hat dich als Obersten und Richter eingesetzt?" – Gott hat ihn später genau als Obersten und Retter zu seinem Volk zurückgesandt (Apostelgeschichte 7,35)! Wenn wir die Ablehnung, die wir erhalten, durch Jesus heilen lassen und Vergebung leben, dann ist es sehr wahrscheinlich, dass wir genau darin zum Segen für viele werden.

David, du bist ein solcher herrlicher und wohltuender Segen! Unser himmlischer Vater beschenkt die Erde durch dein Dasein gewaltig. Danke für unsere Freundschaft – ich schätze dich MEGA, nicht in erster Linie für das, was du tust, sondern vielmehr für das, was du bist.

Dein Freund Kuno

Matthias Kuhn, Leiter G-Movement und Mitgründer
GPMC & Aussendungshaus

LOVE YOUR NEIGHBOUR

SINCE 0000

LOVE YOUR NEIGHBOUR – DIE VISION

Es ist stockdunkel, mitten in der Nacht. Ich liege in meinem Bett und schlafe. Auf einmal spüre ich, dass eine dichte Spannung den Raum erfüllt, die mich total ergreift. Die Luft in meinem Zimmer ist wie elektrisiert. Etwas Großes, Unglaubliches kündigt sich an. Dabei ist alles völlig ruhig, so wie bei der Stille vor dem Sturm, bevor der erste Donner hervorbricht und sich das Gewitter entlädt.

Doch was hier geschieht, ist nicht bedrohlich, im Gegenteil. Ein tiefer Frieden hüllt mich ein wie eine riesige Daunendecke. Gespannt wird meine Aufmerksamkeit auf das gezogen, was von irgendwoher gleich kommen wird. Ich wage kaum zu atmen. Da – unvermittelt geht es los! Wie aus dem Nichts strahlt direkt vor meinen Augen ein Bild auf, dann noch eines, drei, vier, immer mehr, bis viele einzelne Szenen im Dunkeln aufleuchten. Wie auf einer Leinwand ist alles deutlich zu erkennen. Gefesselt betrachte ich ein Bild nach dem anderen. Auf einem sind Klamotten zu sehen: T-Shirts, Sweatshirts, Caps – tolle Mode mit frischem Style.

Eine andere Szene zeigt mir einen jungen Mann, der an einem See sitzt, die Füße lässig im Wasser baumelnd und ein Notebook auf den Knien. Bei genauerem Hinsehen erkenne ich überrascht, dass ich das bin. Dort am Ufer designe ich Kleider, entwerfe Skizzen und wähle Schnitte und Farben aus. Was hat das zu bedeuten? Schon werden meine Augen zum nächsten Bild gezogen: Dort sitzen Obdachlose mit ihrer zusammengerafften Habe auf einer Decke oder einem Stück Pappe auf der kalten Straße – mit völlig abgetragenen Kleidern und hoffnungslosen, gesenkten Blicken. Die Szene bewegt sich und ich sehe, wie ich auf die Bedürftigen zugehe, mit ihnen spreche und ihnen Kleider schenke. Es sind dieselben Klamotten, die ich zuvor entworfen habe. Die müden Augen der Wohnungslosen strahlen vor Glück.

Ganz in der Mitte der vielen Szenen steht in leuchtenden, deutlichen Buchstaben: LOVE YOUR NEIGHBOUR. Ein Blick zurück auf das Bild mit den Kleidern macht mir klar, dass die Shirts und alles andere denselben Schriftzug tragen. Während ich noch völlig gebannt von einem Bild zum anderen schaue und langsam den Zusammenhang begreife, beginnt es plötzlich im Raum zu flackern. Vom linken Rand her bewegt sich eine brennende Fackel ins Bild. Eine Fackel wie bei den Olympischen Spielen, mit einem kurzen, metallenen Schaft und einer kraftvollen, gelbrötlichen Flamme. Es kommt noch eine dazu, dann sind es schon drei, zehn, immer mehr, bis schließlich mein ganzes Zimmer voller Fackeln und flackerndem Licht ist! Fasziniert blicke ich in das riesige Flammenmeer, das wie ein Lauffeuer um sich greift und alles um mich herum hell und warm macht. Auch in mir breitet sich eine wohlige Wärme aus und tiefe Freude durch-flutet mich.

Auf einmal fühle ich mich so leicht und unbeschwert. So glücklich wie lange nicht mehr. Hier, mitten in dieser Vision, möchte ich sein und bleiben. Etwas zieht mich mit aller Leidenschaft zu dieser Idee hin: Ich will Klamotten entwerfen. Ich will ein Modelabel gründen und es wird LOVE YOUR NEIGHBOUR heißen, Liebe deinen Nächs-ten. Wow! Doch eins ist ganz klar: Bei dem, was ich vor mir sehe, geht es um viel mehr als Klamotten! Etwas kann in Brand gesetzt werden, wenn sich das Feuer ausbreitet und viele ergreift. Die Mode ist nur Teil eines Lifestyles, der von einer bedingungslosen Liebe ge-prägt wird. Yes, hier geht es um radikale, gebende Nächstenliebe. Ich weiß, diese Bewegung wird sich immer weiter ausbreiten. Coole Mode wird ein Trittbrett dafür bieten, Türöffner sein! Glasklar steht es mir vor Augen, alle Bilder zusammen ergeben komplett Sinn. Bäääm – ich bin völlig begeistert!

Als ich schließlich die Augen aufschlage, drehe ich mich benom-men zum Nachttisch. Der Blick aufs Handy sagt mir, es ist acht Uhr. Krass, was war das denn? Der nächtliche Traum steht noch völ-lig real vor mir, die Bilder, das Flackern, die Begeisterung und der Frieden in mir! Tief drinnen weiß ich, das war mehr als ein Traum. Da hat Gott zu mir gesprochen. Mal eben so im Schlaf hat er mir eine Art Businessplan geschenkt. Innerlich beginne ich zu beben, weil ich spüre, Gott hat mir einen Auftrag gegeben und ich muss ihn einfach umsetzen. Das ist meine Chance. Denn wenn ich Gottes Plan für dieses Modelabel nicht verwirkliche, macht es vielleicht irgendwann jemand anderes.

Ohne Frage brenne ich schon jetzt dafür! Der Wunsch, etwas in dieser Welt zu verändern, war über die letzten Wochen immer stärker in mir gewachsen. Die Sehnsucht wurde von Tag zu Tag stärker und drängender. Keinesfalls wollte ich am Ende meines Lebens feststellen, dass ich zu bequem oder zu ängstlich gewesen war, um etwas zu bewirken. Und jetzt war sie wie aus heiterem Himmel da: die Chance, radikal einen Unterschied zu machen. Die Liebe weiterzugeben, die ich selbst von Gott erfahren hatte. Die mich befähigte, die Vision umzusetzen und einen positiven Lifestyle zu prägen, der Menschen mitreißt. Ein Leben zu leben, das Auswirkungen hat und Wellen schlägt. Noch völlig geflasht stehe ich schnell auf und schalte meinen Laptop an.

Um Viertel nach acht sitze ich euphorisch am Mac und recherchiere im Internet. Mir ist es ernst – ich will sofort loslegen, keine Zeit verlieren. Ja, mit T-Shirts werde ich starten. Während ich mich fiebrig durchs Netz klicke, suche ich nach Großhändlern und vergleiche Angebote: Qualität, Schnitt und Preis. Dass es Basic T-Shirts sein sollen, ist für mich keine Frage – schwarz und weiß. Schlicht, klassisch und gut zu kombinieren. Nach wenigen Stunden habe ich bei circa 25 Anbietern aus ganz Europa Mustershirts bestellt.

Verrückt, das alles. Nach dem letzten Klick klappe ich glühend vor Begeisterung das Notebook zu und gehe noch ganz beschwingt in den Keller, um einige Übungen für meinen Rücken zu machen. Empfindlich erinnert mich der Schmerz an die Herausforderungen, die ich gerade durchlebe. Vor anderthalb Jahren habe ich eine große Rückenoperation mit Reha hinter mich gebracht, die den Beginn einer langen Leidenszeit markieren sollte. Seit knapp zwei Jahren gelte ich als 100 Prozent arbeitsunfähig und frage Gott bereits seit Langem, wohin es mit meinem Leben gehen soll. In den letzten Monaten bin ich oft stundenlang durch die Natur rund um Schaffhausen und am Rhein entlangspaziert oder auf meine Waldlichtung gestiegen, wo ich viel Zeit im Gebet verbracht habe. Dabei spürte ich, wie zunehmend eine Kruste von mir abbröckelte, die sich in den schwierigen vergangenen Jahren um mein Herz gelegt hatte. Endlich begann ich mich wieder mehr zu spüren. Das, was mich wirklich ausmachte, was Gott in mich hineingelegt hatte. Ganz tief in mir war eine vertraute Sehnsucht aufgeflammt. Ja, ich kannte sie. Aber zu lange war sie von der Hektik, den Schmerzen und Herausforderungen meines Lebens zugekleistert gewesen. Jetzt wurde sie wieder freigelegt. Die viele Ruhe und die einsamen Spaziergänge wirkten wie ein Blasebalg auf glimmende Kohlen – die Sehnsucht fing neu Feuer: Ich wollte einen Unterschied machen in dieser Welt. Mit und für Gott wollte ich Großes wagen.

Im Lauf der vergangenen Wochen waren meine Gedanken immer mehr gebündelt und wie auf einen Brennpunkt hin fokussiert worden. Dass der Traum gerade zu diesem Zeitpunkt kam, ist sicher kein Zufall. Meine Sinne waren hellhörig und vorbereitet. Und da lag die Vision eines Nachts genau auf mich zugeschnitten vor mir und wartete nur darauf, umgesetzt zu werden. Was für ein Geschenk!

> **Ich wollte einen Unterschied machen in dieser Welt. Mit und für Gott wollte ich Großes wagen.**

An diesem Morgen im Mai 2013 wurde ein Schalter in mir umgelegt. Ganz praktisch Nächstenliebe zu leben, war längst Teil meines Lebens. Das war nicht neu. Doch der Traum von LOVE YOUR NEIGHBOUR zeigte mir, wie dieser Lifestyle multipliziert werden konnte. Yes, ich brenne dafür, dass Liebesradikalität, krasse Großzügigkeit und bedingungslose Annahme zu einem Lebensstil werden, zu einer immer größeren Bewegung anwachsen, die zunehmend mehr Menschen erfasst und unsere Welt wärmer und heller macht. Und das mit Style und Mode! Das hat mein Herz im Traum verstanden.

Sehr viel mehr weiß ich im Moment nicht. Wie, was, wann, wo, mit wem, Budgetplanung, Businessziele …? Keine Ahnung. Der Typ, der sich zwei Jahre lang hinsetzt und eine Strategie ausarbeitet, bin ich nicht. O Mann, da würde ich vorher anstauben und fünf andere Dinge starten. Nein, ich glaube und vertraue darauf, dass, wenn Gott so klar gesprochen hat, er auch weiterhin zeigen wird, wohin die Reise geht. Schritt für Schritt. An mir ist es, einfach nur zu vertrauen. Der Plan aus dem Traum reicht mir vorerst.

Ganz ohne Finanzen geht es natürlich nicht. Von meinem Gesparten nehme ich 3800 Schweizer Franken als Startkapital. Für die Modebranche ist das ein Witz, das ist mir völlig klar. Mit 16 hatte ich schon einmal einen Online-Fashion-Store gestartet mit Surfer- und Skatermode – als Projekt meiner Abschlussarbeit an der Schule. Immerhin hatte ich hierfür 20 000 Schweizer Franken Startkapital – ohne Zinsen geliehen von einer Frau, die das Unternehmerische in mir fördern wollte. Mein kleines Lager hatte ich im Keller unseres Hauses eingerichtet, doch nach einiger Zeit hörte ich wieder damit auf. So lukrativ war es nicht, aber eine super erste Erfahrung in der Branche.

Nun holt mich meine Leidenschaft für Mode wieder ein. Nur diesmal ist es grundlegend anders; diesmal ist eine himmlische Vision der Auftakt, keine schnöde Abschlussarbeit.

Während ich also auf die bestellten Mustershirts warte, stürze ich mich in die Designs. Ein fertiges Logo habe ich im Traum nicht gesehen, aber es ist klar, dass LOVE YOUR NEIGHBOUR auf die Shirts muss. So setze ich mich an den Tisch, nehme Bleistift und Block zur Hand und lege los. Frei aus mir heraus zeichne ich eine Skizze nach der anderen. Dann experimentiere ich am Computer mit Schriftarten herum, die für ein Logo infrage kommen. Nach kurzer Zeit schon bin ich voll im Flow – eine Idee nach der anderen schießt hervor und ich bringe sie zu Papier. Mich juckt es im Kopf und in den Fingerspitzen. In vollen Zügen genieße ich es, dass ich eine so herrliche Aufgabe umsetzen kann. Wie elektrisiert arbeite ich weiter. Ein Faible für Fashion habe ich schon, seit ich denken kann. Diese

Faszination hat mich auch zu einigen Modeljobs gebracht, sodass ich auch die Welt der Shootings kenne. Jetzt selbst Mode zu entwerfen, das ist einfach ein Traum!

Nachdem einige Skizzen und Schriftzüge vor mir liegen, die mich überzeugen, frage ich Leon, einen guten Freund und tollen Künstler, ob er die groben Entwürfe mit mir umsetzt. So schicken wir unsere Ideen hitzig hin und her, Leon gestaltet sie weiter, schickt sie zurück, wir optimieren, er zeichnet ins Reine. Unsere Köpfe rauchen durch die Telefonleitungen und vor den Bildschirmen. Schließlich sitzt es. Zufrieden sehen wir, wie sich aus den Ideen das erste Design für LOVE YOUR NEIGHBOUR herausgeschält hat: ein Anker, um den herum sich der Schriftzug auf einem Banner windet. Tief dankbar und einfach nur glücklich lehne ich mich in den Stuhl zurück und lasse meinen Kopf in den Nacken fallen. Wow, die Vision nimmt Gestalt an.

Dass Obdachlose so deutlich Teil des „Businessplans" sind, überrascht mich überhaupt nicht. Seit meiner Kindheit versetzt es mir einen Stich ins Herz, wenn ich in der Fußgängerzone Bedürftige auf der Erde hocken sehe, die resigniert oder vom Leben entmutigt mit hängenden Schultern auf den Asphalt blicken. Menschen, die sich abends nicht in ein warmes Bett kuscheln können, umgeben von Wänden und einem Dach, die Sicherheit und Schutz vor Regen bieten. Sondern die umherirren, oft jede Nacht an einem anderen Ort schlafen und heimatlos sind. Sicherlich bewegt mich das auch, weil ich mit meiner Familie und auch später so oft umgezogen bin, dass ich mich selbst entwurzelt und ohne richtige Heimat fühle.

Ein extrem einschneidendes Erlebnis hatte ich, als wir wieder einmal wegzogen und ich mit meinen Geschwistern zum letzten Mal vom Schulgebäude weglief. Wir waren traurig, alles hinter uns zu lassen und erneut ins Ungewisse zu starten. Da riefen uns ein paar Kinder nach: „Da gehen sie wieder, die Zigeuner!" Tief getroffen versuchte ich mich taub zu stellen. Doch in mir brannte es wie Feuer. Einfach so unbegründet beschimpft zu werden? Was wussten diese Kinder schon von uns? Davon, dass es an der Arbeit meines Vaters lag, dass wir oft umzogen, und es für uns ganz und gar nicht leicht war? Wir hinterließen jedes Mal Freunde, vertraute Wege, lieb gewordene Menschen, unsere eingerichteten Wohnungen und Kinderzimmer. Und jedes Mal blieb auch ein Teil unseres Herzens dort. Zu Unrecht so verurteilt zu werden, hinterließ tiefe Spuren in meiner Seele. Nie mehr wollte ich einem Menschen mit einem vorschnellen Urteil begegnen, bevor ich ihn und seine Geschichte nicht wirklich kannte. Der Satz von Mutter Teresa wurde mir zum Leitstern: „If you judge people, you have no time to love them." Das habe ich mir sogar auf meinem linken Unterarm tätowieren lassen. Das könnte man natürlich auch wieder verurteilen ... Ja, wer Menschen verurteilt, hat keine Zeit, sie zu lieben. Er hält sich mit Äußerlichkeiten auf. Doch ich wollte lieben. Gerade Obdachlose und Bedürftige, denen man allzu schnell mit Vorurteilen begegnete.

> **Ja, wer Menschen verurteilt,
> hat keine Zeit, sie zu lieben.**

Ein anderes Schlüsselereignis mit Obdachlosen brannte sich mir auch schon früh ein: Jedes Jahr an Heiligabend backten meine Eltern mit uns drei Kindern – Anja, Mario und mir – Kekse. Die verpackten wir dann schön in glitzernde Weihnachtstüten und banden liebevoll eine Schleife drum herum. Bevor wir als Familie gemütlich und heimelig Weihnachten feierten und es die heiß ersehnte Bescherung gab, fuhren wir nach Luzern in die Stadt. Dann liefen wir in der eisigen Dezemberkälte durch die mit Lichterketten geschmückten Straßen, zu überdachten Haltestellen und in den fast ausgestorbenen, dumpf hallenden Bahnhof. Die Stadt war fast menschenleer, alle Geschäfte hatten bereits geschlossen und nur vereinzelt sah man noch Leute auf dem Weg zur Familienfeier.

Aber wir suchten die Menschen, die auf der Straße bleiben würden, den ganzen 24. Dezember lang, auch den 25. und 26. Weil sie kein Zuhause hatten, keine Familie, mit der sie feiern konnten. Als Kind konnte ich mir das fast nicht vorstellen, der Gegensatz war so krass – umso mehr an Weihnachten. Wir gingen zu Obdachlosen, die in einem Schlafsack in der Kälte oder in einem etwas geschützten Winkel kauerten, und überreichten ihnen eine knisternde Tüte mit Keksen: „Fröhliche und gesegnete Weihnachten!", wünschten wir ihnen mit strahlenden Kindergesichtern. Viele Obdachlose waren tief gerührt. Wir sagten ihnen, dass Jesus in die Welt gekommen sei, um Liebe und Frieden unter die Menschen zu bringen. Und wünschten ihnen alles Gute.

Ein Obdachloser hatte es sich bei der bibbernden Kälte in einer Telefonzelle eingerichtet. Als meine Schwester Anja zaghaft die Zellentür öffnete und dem Mann eine Kekstüte mit den Worten „Frohe Weihnachten!" überreichte, kam er wenige Augenblicke später aus der Kabine herausgerannt, stürmte hinter Anja her, umarmte sie fest und rief mit glasigen Augen: „Du bist ein Engel!" Noch heute bekomme ich Gänsehaut, wenn ich an diesen weinenden Mann mit ungepflegtem Haar und verhärmtem Gesicht denke, wie er Anja – und mit ihr ein Stück Himmel – in die Arme schließt. Und bis heute schaue ich hin zu den Obdachlosen und Bedürftigen auf der Straße, schenke ihnen neue Socken oder Geld, bete für sie, gehe mit ihnen einkaufen oder essen. Dafür schlägt mein Herz.

Was mich an der Vision von LOVE YOUR NEIGHBOUR so begeistert, ist, dass es dabei um so viel mehr geht als um einen Businessplan, der erfolgreich sein kann oder nicht. Um mehr als ein Modelabel, das einen Trend setzt und Menschen gut aussehen lässt. Es geht um einen Lifestyle, der andere im Blick hat, und um eine Bewegung, bei der LOVE YOUR NEIGHBOUR „draufsteht", aber auch „drin ist" – wo Nächstenliebe praktisch gelebt wird. Jesus fordert uns auf, dass wir unseren Nächsten lieben sollen wie uns selbst. Ich brenne dafür, dass immer mehr Menschen davon angesteckt werden, diese Liebe, wo auch immer sie unterwegs sind, zu leben. Dass sie an ihrer Arbeit gegenüber den Kollegen und Kunden wohlwollend und wertschätzend sind, in der Fußgängerzone oder Straßenbahn Menschen ein warmes Lächeln schenken oder Hilfe anbieten, in ihrer Familie dankbar und nachgiebig sind, an der Uni oder in der Schule ein offenes Ohr für andere haben, beim Trinkgeldgeben oder gegenüber Bedürftigen unerhört großzügig sind. Dass sie eben im Alltag nicht nur von sich selbst und den eigenen Projekten eingenommen sind oder den eigenen Sorgen nachhängen. Sondern dass diese liebende Aufmerksamkeit für andere ein Lifestyle wird, wie coole Fashion einer sein kann. Von dieser Kultur sollen viele erfasst werden, damit eine Lawine der Nächstenliebe ins Rollen kommt.

Bereits einige Wochen nach der Vision stapelten sich in unserem Hausflur die Pakete. Gespannt öffnete ich einen Karton nach dem anderen – es waren die Mustershirts. Hektisch vor Vorfreude zog ich sie heraus und drapierte sie alle nebeneinander auf dem Holzfußboden in meinem Zimmer bis in den Flur hinaus. Langsam schritt ich die Shirt-Meile auf und ab, befühlte die Textilien, verglich die Schnitte. Hm, das hatte ich mir anders vorgestellt. Keines der Shirts überzeugte mich so richtig, besonders die schnöden Formen enttäuschten mich alle. Trotzdem machte ich mit allen Textilien noch Waschproben und prüfte die Qualität. Aber ich musste ernüchtert feststellen, es war kaum etwas dabei, das mir gefiel und meinem Anspruch an Qualität entsprach.

Kurz darauf reiste ich nach London zu einem City-Trip. Immer mal wieder mache ich Kurzreisen in Städte wie Amsterdam, London, Paris, New York, Berlin oder Madrid, um mich von der vibrierenden Stadt und der hippen Mode dort inspirieren zu lassen. Dabei ist es für mich längst selbstverständlich geworden, dass ich morgens mit Obdachlosen frühstücken gehe oder ihnen etwas Warmes zu trinken hole. Das ist einfach zu einem Lebensstil geworden – mit offenen Augen für Bedürftige durch die Städte zu gehen und mich in meinem Programm unterbrechen zu lassen.

Auf diesem Trip in London, als ich durch die Shopping-Straßen lief, machte ich einen genialen Fund: In einem der Stores entdeckte ich die perfekten Shirts für LOVE YOUR NEIGHBOUR! Die, die es bei all meinen Mustersendungen nicht gegeben hatte: super Schnitte, toller Stoff und ein gutes Preis-Leistungs-Verhältnis. Also packte ich die Gelegenheit beim Schopf, kaufte spontan zwei megagroße Koffer, dann 400 dieser T-Shirts und nahm sie mit in die Schweiz. Dort machte ich mich auf die Suche nach einer Druckerei und fand schließlich eine in Zürich, die Menschen mit Behinderung beschäftigte. Hier ließ ich die erste Kollektion – und einige weitere – drucken.

Inzwischen war ich von Feuerthalen bei Schaffhausen in das Weindörfchen Jenins im Bündnerland umgezogen. Meine Freundin Elena, mit der ich zu dem Zeitpunkt seit eineinhalb Jahren zusammen war, hatte sich für ein Tourismusstudium in Chur entschieden. Da wir keine Wochenendbeziehung wollten, hatten wir beschlossen, dass ich mitkomme. Schließlich konnte ich genauso gut in der abgeschiedenen ländlichen Stille LOVE YOUR NEIGHBOUR weiterentwickeln und die viele Natur und die Berge würden mir guttun. So mietete ich eine schöne Wohnung im zweiten Stock eines Mehrfamilienhauses, Elena dagegen wohnte im 20 Minuten entfernten Chur.

Eine unwiderstehliche Sehnsucht aus meiner Kindheit hatte mich aufs Land gezogen. Als ich realisierte, dass das Fenster meines Zimmers zur Kuhweide hin lag, jubelte ich innerlich. Das vertraute Muhen und die dumpf klingenden Kuhglocken zu hören, machte mich glücklich und erinnerte mich an herrliche Zeiten von früher. Wenn ich auf der anderen Seite der Wohnung auf die große Terrasse hinaustrat, erstreckten sich direkt vor mir die ausgedehnten Weinberge der „Bündner Herrschaft" – des größten Weinbaugebiets im Bündnerland – umgeben von hohen, kantigen Bergen. Ein atemberaubender Anblick!

Da Elena von ihrem ersten Semester stark in Anspruch genommen wurde, hatte ich sehr viel Zeit für mich, weg von allem Betrieb und der extrem aufreibenden Zeit der vergangenen Jahre. Stundenlang spazierte ich allein durch die weitläufigen Weinberge oder am glitzernden Seeufer entlang und redete mit Gott. Manchmal stieg ich auf einen einsamen Berg und blickte in die Weite, ließ meine Gedanken schweifen und dachte über LOVE YOUR NEIGHBOUR nach und was alles möglich war. Zusammen mit Gott träumte ich den Traum weiter.

Wenige Wochen nachdem ich ins Bündnerland umgezogen war,

kam der große Moment. Gespannt wie ein Flitzebogen setzte ich mich an einem sonnigen Septembermorgen ins Auto und fuhr nach Zürich zur Textildruckerei. Stolz und überglücklich nahm ich höchstpersönlich die fertigen Shirts in Empfang – meine erste Kollektion! Sofort öffnete ich einen Koffer und holte ein Exemplar heraus. Wow! Megagenial! Der weiße Anker auf dem schwarzen Stoff sah einfach tipptopp aus. Dann wühlte ich durch den anderen Koffer, in dem die weißen Shirts waren. Auch davon war ich einfach nur begeistert. Strahlend schob ich die Gepäckstücke ins Auto, setzte mich ans Steuer und fuhr wie im Traum zurück in die Berge – die ganzen eineinhalb Stunden mit dem breitesten Grinsen im Gesicht überhaupt. Direkt aus den Koffern heraus verkaufte ich die erste frisch gedruckte Kollektion von LOVE YOUR NEIGHBOUR. Viele Freunde und Bekannte fanden die Sachen total cool, kauften ein und machten kräftig Werbung. Langsam lösten sich erste Steinchen und brachten die Lawine ins Rollen.

Zuerst bot ich die Kleider einzeln über Facebook an. Dazu fotografierte ich die Shirts, stellte sie ein und postete: „Willst du dieses Shirt haben? Schreibe uns!" Nebenher richtete ich mit ein paar Profis zusammen langsam einen Onlineshop ein und baute die Produkte aus – mehr Designs, Accessoires, Sweatshirts etc. Jede einzelne Bestellung, die einging, ließ mich vor Freude fast platzen. Es ging einfach los, eigentlich ohne klares Konzept oder Struktur. Es war eine Herzenssache und ich war so happy dabei! Am 1. November 2013, ein halbes Jahr nach dem Traum, ging dann die Website von LOVE YOUR NEIGHBOUR offiziell online. Ein weiterer Meilenstein.

Es ist nachts um drei. Mir laufen die Tränen übers Gesicht, meine Finger zittern vor Erschöpfung. Ruhige Musik läuft in meinem nur mit einer Kerze erhellten Zimmer. Völlig übermüdet lasse ich mich aufs Sofa fallen und schließe die Augen. Gerade habe ich das letzte Päckchen fertig gemacht, das morgen in die Post muss. Mir ist ungeheuer wichtig, dass jede Bestellung von „LYN" rechtzeitig rausgeht und ich die angegebene Lieferzeit einhalte. Müde öffne ich meine Augen und blicke auf den Stapel Pakete und Versandtaschen, die vor mir auf dem Boden liegen. Die Bestellungen häufen sich; innerhalb von nur wenigen Wochen nach der ersten Kollektion wollen immer mehr Menschen ein LOVE YOUR NEIGHBOUR-Shirt.

Mein Blick wandert zu meinem gekachelten Tisch, auf dem die Kerze flackert. Da stehen ein nostalgisches schwarzes Telefon und eine alte Schreibmaschine. An der rechten Tischkante liegen ein Siegel mit Segelschiffmotiv und rotes Wachs. Bestellungen mit nur einem T-Shirt, die ich in einer Versandtasche verschicke, erhalten auf der Rückseite immer noch ein edles Gepräge. Dazu träufele ich mithilfe der Kerze das Siegelwachs auf die Umschläge und drücke den Stempel ein. Jedes versandfertige Paket bekommt schließlich noch ein LOVE YOUR NEIGHBOUR-Logo und ich fotografiere es auf diesem Stillleben-Tisch. Jedes einzelne. Dann markiere ich das Bild für die Leute, die bestellt haben, bei Facebook und poste: „Du kannst dich freuen, morgen kommt dein Paket!" So kurble ich die Vorfreude auf ein wunderbares, ganz besonderes T-Shirt an. Gleichzeitig sorge ich auf diese Weise für eine größere Reichweite und mache LOVE YOUR NEIGHBOUR über die Kunden bekannter.

Doch da ich alles allein bewältige, bin ich bei der wachsenden Nachfrage bald am Anschlag. Jede Bestellung erfordert etliche einzelne Handgriffe, so vieles – wie das Siegel, das Fotografieren und Posten –, das Zeit kostet, sodass ich oft bis spät in die Nacht hinein arbeite und packe. Jedem Paket widme ich mich mit voller Konzentration. Mir liegt sehr daran, jeden einzelnen Kunden durch meine Sorgfalt wertzuschätzen. Jedes Paket segne ich mit dem Wunsch, dass der Empfänger sich der Botschaft von LOVE YOUR NEIGHBOUR bewusst wird und sie in seinem Leben umsetzt.

Mein Blick wandert wieder zu dem Berg fertiger Sendungen. Trotz aller Erschöpfung erfüllt mich zutiefst, was ich mache. Zum ersten Mal in meinem Leben tue ich etwas, bei dem es mir nicht darum geht, was dabei für mich herauskommt oder wie viel ich dabei verdiene. Nein, ich lebe tatsächlich meinen Traum! Jetzt gerade und in Echtzeit! Innerlich jubelnd spüre ich, dass ich genau dort bin, wo ich sein will. Nirgendwo anders. Ein unglaubliches Glücksgefühl durchflutet mich, das ich bisher von keinem noch so erfolgreichen Job kenne. Tief dankbar schleppe ich mich mit letzter Kraft ins Bett und falle sofort in einen tiefen Schlaf.

> **Jedes Paket segne ich mit dem Wunsch, dass der Empfänger die Botschaft von LOVE YOUR NEIGHBOUR in seinem Leben umsetzt.**

Am nächsten Tag fahre ich mit meinen paar Dutzend Päckchen und Versandtaschen zur Post in Landquart. Schon manchmal habe ich mich gefragt, was das wohl mit den Postangestellten macht, wenn sie das Logo von LOVE YOUR NEIGHBOUR immer wieder sehen. Als ich heute am Schalter stehe, schaut die freundliche Dame erst neugierig die Pakete an, dann mich und fragt schließlich zögernd: „Was ist das eigentlich, das Loveyourneighbour?" Freudestrahlend erzähle ich ihr von der Vision und dass Hunderte schon davon angesteckt worden sind. Begeistert gibt die Postdame zurück: „Wow, das finde ich genial. Man merkt, Sie leben das richtig. Sie strahlen so viel positive Energie aus." Schließlich bittet sie mich um den Kontakt, um selbst ein Shirt zu bestellen.

Als ich wieder im Auto sitze, laufen mir die Tränen übers Gesicht. Dankbarkeit und Freude erfüllen mich, dass Gott mir diese Vision anvertraut hat, dass sie Wellen schlägt und er immer wieder Menschen dadurch berührt. Zu Hause angekommen, gehe ich an meinen Gebetsort auf dem Berg und danke Gott für alles, was passiert und was ich gerade erleben darf. Ich will demjenigen das Lob weiterreichen, der das alles ins Leben gerufen hat.

Die Postdame gab später zwei Bestellungen auf. Das Postamt in Landquart und diese so wertvollen, kleinen Anfänge von LOVE YOUR NEIGHBOUR sind ganz kostbare Erinnerungen für mich. Ich liebte es, dorthin zu gehen und auch mal kleine Geschenke zu verteilen. Man spürte richtig, wie sich in der Post eine liebevolle Atmosphäre ausbreitete.

Genau darum geht es im Kern, dass wir immer mehr Leute anstecken mit diesem wunderbaren Nächstenliebe-Virus. LOVE YOUR NEIGHBOUR will einen Lifestyle der wertschätzenden Mitmenschlichkeit prägen und das in allem, was wir jeden Tag tun. Wie Mode zu tragen wird es zu einer alltäglichen Haltung, egal wo ich bin. Ganz selbstverständlich schaue ich nicht weg, sondern frage den Obdachlosen vor dem Supermarkt, was ich ihm mitbringen kann. Oder blicke der Reinigungskraft oder dem Busfahrer in die Augen und bedanke mich für das, was sie täglich tun. Inzwischen habe ich so viele Geschichten erhalten von Menschen, die mir schreiben oder posten, was sie mit LYN erleben. Mit den 32 000 Followern auf Facebook und stetig steigender Tendenz ist LOVE YOUR NEIGHBOUR in zweieinhalb Jahren zu einer riesigen Community angewachsen. Leute ermutigen sich dort gegenseitig mit ihren Storys, was es auslöst, wenn sie Liebe praktisch leben. Eine Frau schrieb, dass sie immer wieder auf das Shirt und die Message angesprochen wird und es plötzlich ganz leicht ist, von ihrem Glauben zu erzählen. Früher sei das für sie immer ein schrecklicher Krampf gewesen. Tatsächlich höre ich das von vielen Menschen. Dann gibt es Leute, die vorher Obdachlose regelrecht gehasst haben, die sie heute zum Essen einladen. Andere lassen sie bei sich übernachten und duschen. Eine Frau schrieb: „Immer, wenn ich das Shirt anhabe, bin ich so großzügig!" Was für ein schöner Nebeneffekt!

Einmal kam ein junger Mann auf einem Event in der Schweiz zu mir. Mit Tränen in den Augen umarmte er mich fest: „Du bist doch der David?" „Nein, ich bin Max", blödelte ich. Als wir meine Quatscheinlage aufgelöst und herzlich gelacht hatten, wurde er ganz ernst und erzählte: „Drei Jahre lang hatte ich Depressionen. An dem Tag, als ich das Paket mit der LOVE YOUR NEIGHBOUR-Bestellung aufgemacht habe und den Pullover anzog, waren die Depressionen verschwunden. Von einem Moment auf den anderen. Es ist absolut verrückt!" Überwältigt dachte ich: Ja, so ist Gott! Er erhört Gebete. Dankbar nahm ich den jungen Mann in den Arm.

Die vielen Leute, die auf Facebook posten, was sie erleben und was passiert (und die vielen, die es nicht posten und trotzdem tun), sind für mich die Fackeln aus der Vision, die immer mehr werden, immer mehr Licht und Wärme in ihrem Umfeld und ihren Städten verbreiten. Es sind die vielen kleinen Dinge, die wir mit großer Liebe tun, die Veränderung bewirken. Eine zweite Weisheit meines großen Vorbilds Mutter Teresa, das mich total beeindruckt. Zutiefst bin ich davon überzeugt, dass es auf den Einzelnen ankommt und die kleinen, nicht aufsehenerregenden Dinge – aber die Haltung dahinter. Das habe ich auch im Statement zur Vision von LOVE YOUR NEIGHBOUR formuliert: „Liebe oder Hass – du machst den Unterschied. Ich träume von einer Welt, in der jeder seine wahre Identität finden darf. Von einer Welt, in der sich jeder so lieben kann, wie er erschaffen wurde. Diese Liebe wird dein Umfeld, deine Stadt, dein Land und schließlich die ganze Welt verändern. Sei dabei, wenn wir die Welt verändern – denn DU bist genial."

Von Anfang an war die praktische Liebe auch Teil des Labels und der Unternehmenskultur – wir bezeichnen uns als Social Fashion Label. In der ersten Zeit gaben wir jedes zehnte produzierte T-Shirt an Obdachlose, nach einer Weile schon jedes fünfte und zehn Prozent vom Erlös gingen an Projekte, die Bedürftige in unserer Nachbarschaft unterstützen. Inzwischen produzieren wir weit mehr als T-Shirts – auch Sweater, Caps, Accessoires und Taschen. Gerade sind wir dabei, eine Stiftung zu gründen. Zwölf Prozent vom Gesamtumsatz fließen dann hier rein – und davon werden weiterhin Bedürftige unterstützt.

Wenn ich heute auf City-Trips gehe, habe ich immer einen Koffer mit T-Shirts, Mützen oder anderen Produkten dabei, die ich Bedürftigen auf der Straße schenke. Dabei ist mir wichtig, dass ich immer neue Kleider verschenke. Keine gebrauchten Sachen, aber auch keine alten Kleider. Wenn ich etwas gebe, soll es das Beste sein. Das ist mein Prinzip. Immer wieder überwältigt es mich zu erleben, was da passiert, wie Herzen berührt werden und sich öffnen! Ich bin überzeugt davon, dass Jesus auf jedem Herzen sitzt. Wenn man einen Menschen liebt – wenn man großzügig ist, ihm Wertschätzung schenkt oder ihm aus heiterem Himmel für etwas dankt –, öffnet sich das Herz und Jesus, also die Liebe, plumpst hinein. So simpel. Ja, es ist so simpel bei Gott. Weil ich so unendlich geliebt bin von Gott, kann ich andere lieben. Dann kann ich getrost aufhören, Menschen bekehren zu wollen. Das geht sowieso nicht. Gott sei Dank brauche ich niemanden zu überzeugen. Denn mein Auftrag und der von allen Christen ist es einfach nur, Menschen zu lieben. Wir sind Träger von Gottes Liebe. Durch die T-Shirts wird diese Botschaft doppelt transportiert. Im Verschenken und mit der Message.

Einmal als ich wieder in London war, lief ich zur Underground-Station. Dort am Eingang saß ein Obdachloser mit einem Hut vor sich. Als ich mich zu ihm hockte, fragte ich ihn, ob er ein neues T-Shirt möchte mit einer Botschaft drauf. Sein Gesicht hellte sich auf: „Yes, sure!" Wir kamen ins Gespräch und ich erfuhr, dass er Peter hieß. Schließlich erklärte ich ihm, dass ich Klamotten mache und was es mit LOVE YOUR NEIGHBOUR auf sich hat. Dann begann er mir von seinem Leben zu erzählen. Mit erstaunlich emotionsloser Stimme berichtete er von all den harten Umständen und Schicksalsschlägen, die er erlitten hatte. Schweigend saß ich neben ihm und hörte ihm erschüttert zu. Meinen Arm hatte ich um seine Schulter gelegt. Nachdem er fertig war, blickte ich ihm in die Augen und sagte ihm, dass Gott ihn unendlich liebt und ihm alles geschenkt hat. Verwundert schaute er mich an, während ich redete. Seine feuchten Augen verrieten mir: Jesus war gerade in sein Herz geplumpst. „Darf ich für dich beten, Peter?", fragte ich. Er stimmte zu und ich betete. Schließlich entschied sich Peter, sein Leben Gott anzuvertrauen, diesem Gott, der ihm so viel geschenkt hatte.

Am nächsten Tag war ich wieder in dieser Gegend unterwegs. Als ich die belebte Straße entlanglief, hörte ich plötzlich jemanden rufen: „David, David – how are you?" Es war Peter. Fröhlich rannte er mir entgegen und umarmte mich fest. Tiefe Freude durchflutete mich. Ihn wiederzusehen und hier in dieser riesigen Metropole ein bekanntes Gesicht zu treffen, dessen Geschichte ich sogar kannte, war wunderbar. So zogen wir zusammen los zu einem China-Imbiss und kauften uns etwas zu essen. „Kann ich noch etwas für dich tun? Brauchst du noch etwas?", fragte ich ihn, als wir satt wieder vor die Tür traten. „Oder kann ich noch einmal für dich beten?" Seine Antwort haute mich total um: „Nein, David. Ich weiß jetzt, dass der Himmel über mir offen ist. Jetzt bete ich für dich." Da stand ich, mitten auf der Straße im hektischen London, und Tränen liefen mir übers Gesicht, während Peter für mich betete.

Neben Wundern und bewegenden Begegnungen mit Menschen passierten auch Wunder mit dem Modelabel selbst. Kurz nachdem die erste Kollektion raus war, bekam LOVE YOUR NEIGHBOUR mächtig Aufwind durch eine Aktion, die ich mir kaum hätte erträumen können. Aus Spaß machte ich bei einem Wettbewerb mit, den mir Tete, ein Freund meines Bruders, empfohlen hatte. Bei diesem Contest ging es darum, dass ausgewählte junge Schweizer Modemacher während der Fashion Days in Zürich eine Plattform erhielten, um sich und ihre Kollektion vorzustellen. Von der Jury erhielt ich eine völlig begeisterte Rückmeldung: „So ein cooles Konzept haben wir noch nie gesehen, wir spüren, das ist etwas anderes!" Bäääm! Und so gewann ich den Wettbewerb und durfte mit drei anderen Jungdesignern am Züricher Flughafen beim Suisse Design Markt ein Wochenende lang ausstellen. Das war so ein Geschenk, ich war überwältigt!

In der Woche vor dem Design Markt schrieb mich eine junge Frau, die ich gar nicht kannte, über Facebook an und bot mir ihre Hilfe am Ausstellungsstand an. Sie hieß Jael und wollte am Sonntagnachmittag, nach dem Gottesdienst, beim Verkauf helfen. Als ich nach dem Mittagessen zum Stand zurückschlenderte, erwartete mich da eine fröhliche, charmante Frau, die eifrig verkaufte – Jael. Mit den anderen Ausstellern hatte sie sich schon bekannt gemacht und half mir dann den ganzen Tag lang. Wir hatten tolle Gespräche in den Pausen und ich war fasziniert von ihrem Helferherz. Wie sie ganz praktisch Nächstenliebe lebt, passte zum Spirit von LYN.

Nach den Fashion Days bekam ich zunehmend Bestellungen aus dem Ausland. Die Shirts waren in alle Welt mitgenommen worden und zogen nun ihre Kreise. Auch die sozialen Netzwerke taten das Ihre dazu, dass LOVE YOUR NEIGHBOUR immer bekannter wurde. Da die Botschaft und der Name des Labels identisch sind, läuft die Werbung beim Shirt ja direkt mit.

Ein finanzielles Wunder erlebte ich mit meinen 3 800 Schweizer Franken Startkapital. Das war das Geld, das ich von meinem Gesparten so loseisen konnte, dass ich selbst noch etwas zum Leben hatte. Das fühlte sich an wie Lossegeln aus dem sicheren Hafen, ohne dass das Ziel oder die andere Küste in Sicht waren. Aber das Risiko wollte ich eingehen. Wer nicht lossegelt, kommt auch nirgends an. Am Anfang von LYN hatte ich Gott gefragt, wie lange ich ohne Einkommen aus dem Label auskommen würde, denn bis heute verdiene ich selbst nichts daran. Deutlich hörte ich, wie Gott mir sagte: bis Februar 2015 – das waren also knapp zwei Jahre. Darauf lebte ich vertrauensvoll zu, auch wenn mir manchmal mulmig zumute war. Im Grunde wusste ich ja auch nicht, was nach Februar 2015 kommen würde. Das hatte Gott mir nicht gesagt. Monat für Monat sah ich, wie mein Gespartes zusammenschmolz. Gelegentlich erhielt ich noch Aufträge aus meiner früheren Arbeit in der Finanzbranche, durch die ich hier und da etwas nebenbei verdiente. Doch irgendwann wurde es knapp. Schließlich verkaufte ich meine geliebte Breitling-Uhr und meinen Audi R8, auf die ich lange gespart hatte. Doch das Geld wurde trotzdem immer weniger.

Durch einen „Zufall" traf ich wenige Wochen vor Ablauf meiner „Frist" einen ehemaligen Kollegen aus meiner Finanzzeit. Beiläufig fragte er: „Sag mal, David, hast du noch Kontakte? Mein Team und ich sind seit Längerem nicht mehr glücklich in unserer Branche. Kannst du uns nicht als gut eingespielte Mannschaft empfehlen?" Kurzerhand rief ich meinen früheren Chef an und vermittelte das komplette Team von zehn Mann. Alle zusammen packten sie ihre Sachen und wechselten

Schlag auf Schlag. Durch die Vermittlung erhielt ich jeweils einen Anteil vom Gewinn, den das Team erwirtschaftete. So hatte ich punktgenau seit dem 1. März 2015 ein monatliches Passiveinkommen. Und konnte mich erst mal voll und ganz auf LOVE YOUR NEIGHBOUR konzentrieren. Mittlerweile läuft dieser Deal nicht mehr und so bin ich immer wieder abhängig, was die Zukunft bringen wird. Doch erst kürzlich ging wieder eine anonyme Spende über 10 000 Schweizer Franken auf dem Spendenkonto ein. Unglaublich, oder?

Es flasht mich ständig zu sehen, was Gott macht, wie er das Label und mich versorgt und welche Wunder geschehen. Auch dass Gott sich ausgerechnet mich dazu ausgesucht hat, haut mich immer wieder um. In meinem Leben habe ich so viel Negatives erlebt, ich bin durch viele verletzende Erfahrungen mit Menschen und Untreue in Beziehungen gegangen, habe extreme körperliche Schmerzen und existenzielle Verluste erlitten. Ja, ich hätte allen Grund, bitter und verurteilend zu sein, und es hätte auch nicht viel gefehlt, dass ich abgestumpft wäre und den Kopf in den Sand gesteckt hätte. Aber das wäre zu einfach gewesen. Tatsächlich haben all die negativen Dinge das Gegenteil bewirkt: Sie haben mich stärker und fester werden lassen in meinen Überzeugungen und auch die Liebe in mir hat Gott wachsen lassen.

Krisen können in Bitterkeit führen oder stärker machen. Das Geheimnis dahinter (und hinter so vielen anderen wichtigen Dingen im Leben) ist, welche Entscheidung ich treffe. In diesen Erfahrungen habe ich für mich den Entschluss gefasst, dass ich immer, wenn sich zwei Wege vor mir auftun, den schweren nehmen will. Denn ich vertraue darauf und habe es erlebt, dass ich an den Herausforderungen wachse, dass sie meinen Charakter positiv formen. Wenn ich dazu bereit bin. Das ist absolut kein Spaß, aber am Ende ist es besser. Vor allem für die Menschen in meinem Umfeld ist es ein Segen, weil ich geschliffen wurde. Schon lange geht es in meinem Leben nicht mehr um mich. Gott sei Dank. And that's the point.

Doch an diesen Punkt zu kommen, hat mich viel gekostet. Den Weg dorthin hätte ich mir im Leben nicht selbst ausgesucht. Oft war er extrem hart und steinig oder überstieg meine Kraft ...

2

HEILIGE ORTE

An meine Kindheit und die Zeit, die ich mit meiner Familie verbrachte, erinnere ich mich gerne. Da wir so oft umzogen, waren wir Geschwister gleichzeitig enge Spielkameraden und Freunde. Es tat gut, immer auf sie zählen zu können, gerade wenn wieder ein Schulwechsel anstand. Mein Bruder Mario und ich blickten voller Bewunderung zu unserer Schwester Anja auf. Klar, sie war die Älteste, die Große, unser Vorbild.

Mit Mario, der nur ein Jahr älter ist als ich, war Streiche spielen und durchgeknallte Wetten abschließen ganz groß. Einmal bekamen wir jeder ein kleines Bananenpflänzchen geschenkt. Dann galt der Contest: an welcher zuerst eine Banane hängt! Natürlich war es völlig utopisch, dass in der Schweiz eine Bananenstaude wächst und dazu noch eine Frucht trägt, aber die Wette stand. Täglich ging ich zu meinem Pflänzchen, goss es gewissenhaft und wartete ungeduldig darauf, dass sich etwas regte. Nur leider passierte nicht viel. Also beschloss ich, meinem Gewinnerglück ein wenig auf die Sprünge zu helfen: Am Abend stellte ich meinen Wecker auf ein Uhr und legte ihn unter mein Kissen, damit er die anderen nicht weckte. Als es an meinem Ohr rasselte, stand ich mitten in der Nacht leise auf und schlich mich in die Küche. Dann öffnete ich die quietschende Kühlschranktür, angelte die Milchflasche heraus und tastete mich im Dunkeln zu Marios Staude. In der Hoffnung, sie würde dadurch ganz schnell eingehen, goss ich den gesamten Inhalt der Flasche in den Blumentopf. Plötzlich hörte ich hinter mir tapsende Schritte. Als ich mich umdrehte, stand Mario vor mir – mit einer Flasche Sirup! –, munter unterwegs zu meiner Banane ... Nach einigen verdutzten Sekunden brachen wir in schallendes Gelächter aus, hielten uns aber schnell die Hände vor die Münder, um die anderen nicht aus dem Schlaf zu reißen. Da hatten wir am nächsten Morgen am Frühstückstisch echt eine Story zu erzählen! Auf jeden Fall war meine Banane dann schneller als Marios – schneller kaputt. Das nächste Mal musste ich also unbedingt Sirup nehmen ... Mario hatte für diesmal gewonnen. Glückwunsch!

Meine Eltern, Sabine und Lorenzo, haben uns wirklich eine herrliche Kindheit ermöglicht. Je älter ich werde, desto mehr begreife ich, wie viel die vorigen Generationen gekämpft, gegeben und eingesetzt haben, damit wir heute so leben können, und welches reiche Erbe sie uns mitgegeben haben. Mir ist sehr bewusst, dass ich zu einem großen Teil der bin, der ich bin, weil sie mich mit ihrer Erziehung und ihren Werten geprägt und Opfer gebracht haben.

Mama und Papa stammen beide aus Familien, die echte Lebenskünstler und Kämpfer sind. Als „Ausländerfamilien" (die Familie meiner Mutter stammt aus Deutschland, die meines Vaters aus Italien) trafen sie in der konservativen Schweiz der 60er- und 70er-Jahre auf viele Vorurteile. Mamas Familie zog ins Wallis, als sie sechs war, pünktlich zur Einschulung also. Doch die erste Schulwoche wurde zu einem ziemlichen Desaster. Hoch konzentriert saß Mama als kleines Schulmädchen auf ihrer Bank und bemühte sich, der Lehrerin zu folgen. Doch so sehr sie sich auch anstrengte, sie verstand kein Wort! Irgendwann brach sie verzweifelt in Tränen aus. Nach einer Woche nahm man sie wieder aus der Schule, damit sie im Kindergarten noch ein Jahr Schwyzerdütsch lernen konnte.

Papas Familie hatte sich ebenfalls im Wallis niedergelassen, wo sein Vater quasi aus dem Nichts eine Zinngießerei aufbaute, mit der er extrem schnell sehr erfolgreich wurde. Meine Eltern lernten sich dann im Oberwallis in Brig kennen, als sie gemeinsam die kaufmännische Berufsschule besuchten. Damals war Papa als „der Italiener" dorfbekannt – mit seinen glänzenden schwarzen Locken, dem adretten Schnauzer, seinen Goldkettchen und dem extravaganten Kleidungsstil. Als er Mama einmal zum Ausgehen abholte, traf sie fast der Schlag: Lorenzo war von Kopf bis Fuß in Weiß gekleidet – weißes Hemd, weiße Jacke, weiße Hose, weißer Gürtel und sogar weiße Schuhe – und führte sie in seinem weißen Mercedes aus. Ganz der italienische Macho eben …

An Geld fehlte es Papa wirklich nicht. Schon vor seiner Ausbildung hatte er mit seinem Vater gearbeitet und gelernt, Geschäfte zu machen, wobei er ein glückliches Händchen bewies. Gerne leistete er sich schöne Dinge und stellte, was er besaß, auch zur Schau. Voller Stolz fuhr er seinen Mercedes, in dem sich die Dorfsensation befand: eines der ersten Mobiltelefone der Schweiz, ein NATELport! Es war ein monströses Gerät, eingebaut in einen schwarzen Koffer, das aussah wie ein klassisches Telefon aus den 70er-Jahren, mit Wählknöpfen und verkabeltem Hörer. Nur dass es zusätzlich über einen eigenen Sender und Empfänger verfügte und mit Batterien betrieben wurde. Gerade die Batterien waren riesig und nahmen im Koffer, der fast 25 Kilo wog, den meisten Platz ein. War das Natel im Auto dabei, hatte es seinen angestammten Platz zwischen Fahrer- und Beifahrersitz.

Einmal, als Mama mit Papa im Auto mitfuhr, schaltete die Ampel in der Dorfmitte von Brig eben auf Rot. Mit seiner schicken, weißen Karosse hielt Papa ganz vorn an der Ampel, direkt vor dem Fußgängerüberweg. Die Aufmerksamkeit der Passanten war ihm damit sicher. Papa nutzte die Gelegenheit, nahm demonstrativ das Natel in die Hand und telefonierte. Mama wurde puterrot und rutschte voller Scham vom Beifahrersitz in den Fußraum, wo sie ausharrte, bis die Ampel auf Grün umschaltete und Papa endlich wieder anfuhr.

Er liebte es, immer die neusten Dinge zu haben und damit aufzufallen. Zu dieser Zeit, Papa war Anfang 20, hatte er zwei klare Ziele ins Auge gefasst: Sabine zu heiraten und mit 30 mehrfacher Millionär zu sein. Beides sollte wahr werden. Nach dem Motto: „Schlafen ist für Faule" lebte er ein erfolgreiches, enorm ehrgeiziges Leben als Unternehmer. Zusammen mit seinem Vater baute er unter anderem ein Immobiliengeschäft in Spanien auf und war oft wochenlang weg von der Familie, die mittlerweile aus Mama und uns drei Kindern bestand.

Eines Tages kam die Kehrtwende. Als Papa von einer Geschäftsreise zurückkam, traute Mama ihren Augen kaum: Wo Papa ging und stand, hatte er neuerdings eine Bibel unterm Arm und las darin, wann immer er konnte. Zwar wusste Mama, dass er spirituell auf der Suche war, aber eine Bibel, die er jetzt sogar noch unter sein Kopfkissen legte? Mama war überzeugt, Papa musste ein Stein auf den Kopf gefallen sein. Sie kannte doch ihren Mann! Doch Lorenzo hatte sich tatsächlich um 180 Grad gedreht. Hatte er vorher keinen Kunden ohne einen abgeschlossenen Deal aus einem Gespräch entlassen, so stand das Geschäft für ihn plötzlich nicht mehr an erster Stelle. Brennend für Jesus und seinen neu gefundenen Glauben, ließ er jetzt niemanden mehr gehen, bevor der nicht Jesus kennengelernt hatte. Die Geschäfte liefen dadurch immer schlechter, aber das war ihm egal. Von heute auf morgen setzte mein Vater andere Prioritäten im Leben, er wollte mehr für andere da sein. Vorher war Papa ständig auf Achse gewesen und Mama mit uns Kindern viel allein, doch jetzt verbrachte Papa ganz bewusst immer häufiger Zeit mit der Familie.

Was es bedeutet, Gott wichtiger zu nehmen als alles andere, haben meine Eltern uns immer wieder eindrücklich vermittelt.

Drei Monate nach Papa fand auch Mama zu einer persönlichen Beziehung zu Jesus. Ihren gemeinsamen Glauben und die Liebe, die sie bei Gott erfahren hatten, lebten sie uns ganz praktisch vor. Dazu gehörte, Bedürftige und Obdachlose nicht zu vergessen und dabei großzügig zu sein, wie wir das an Weihnachten immer erlebten. Auch was es bedeutet, Gott wichtiger zu nehmen als alles andere, haben meine Eltern uns immer wieder eindrücklich vermittelt. Eines Tages spürte Papa, dass Gott ihn durch eine sanfte, aber klare innere Stimme dazu aufforderte, das ganze Gold, das er trug, abzulegen und wegzuwerfen. Das traf mitten ins Schwarze. Traurig stellte Papa fest, wie schwer es ihm fiel, sich von seinem Besitz zu trennen. Erst schwankte er, aber schließlich fasste er den Entschluss:

Ich möchte allein von Gott abhängig sein. Also nahm er die Halskette ab, den goldenen Siegelring und das Armkettchen und versenkte sie alle zusammen im Thunersee.

In dem Moment spürte er eine riesige Erleichterung. Hatte etwa sein Besitz ihn besessen? Immer wieder erzählte uns Papa von diesem Wendepunkt in seinem Leben und Glauben, als es darum ging, Gott mehr zu vertrauen als allem anderen. Dabei ist Besitz an sich nicht schlecht, das ist nicht der Punkt. Wenn der Stellenwert von einem eigenen Haus, schönen Kleidern oder großen Autos im Leben stimmt, können wir Gott damit ehren und andere werden davon profitieren – dann können sie das Auto mal leihen oder mitfahren. Bei Papa ging es in dem Moment aber darum, sich zu entscheiden, was bei ihm an erster Stelle stand und worauf er seine Identität gründete.

Papa ist ein waschechter Unternehmer und Verkäufer – das hat er von seinem Vater. Auch Mama hat das Kaufmännische im Blut und das haben sie definitiv an uns weitergegeben. Sowohl Anja als auch ich begannen nach der Schule eine Kaufmannslehre. Papas Vater, der Nonno, wie man auf Italienisch sagt, hatte durch den Immobilienhandel in Spanien über die Jahre dort auch ein Hotel aufgebaut – in La Mata an der wunderschönen Südostküste Spaniens, nicht weit von Alicante. Irgendwann wurde es von meinem Vater geführt, so wie er auch viele der anderen Immobiliengeschäfte vor Ort leitete. Wir als Familie verbrachten insgesamt drei herrliche Jahre in La Mata.

Das Hotel von Nonno war unglaublich – seine künstlerische Ader schlug sich überall nieder. Als gelernter Schreiner hatte er viele der außergewöhnlichen Möbel und Kunstwerke in der Anlage selbst geschnitzt. Kam man von außen in den Eingangsbereich hinein, lief man direkt auf einen plätschernden Brunnen mit Fischen, Schildkröten und Palmen zu. Rechts befand sich die Rezeption, die Mama leitete, als wir dort wohnten, und direkt daneben der Eingang zu einem extravaganten Schwimmbad. Nonno hatte die Wände und Decken wie eine Höhle aus Holz geschnitzt und sie dann mit wasserfestem Material verkleidet. Da hingen Tropfsteine von der Decke und man fühlte sich beim Schwimmen wie ein Höhlenforscher in der Südsee. Nonno hatte sich hier wirklich ausgelebt.

Umso erstaunlicher ist das, wenn man um Nonnos Geschichte weiß. Er hat die mit Abstand härteste Story, die ich kenne, genug Stoff, um ein eigenes Buch zu füllen! Im Bergdörfchen Crodo in Norditalien wuchs er in einem kleinen Steinhaus auf. Sein Vater war Tunnelbauer und starb sehr früh an einer Staublunge, die ihm seine Arbeit beschert hatte. Nach seinem Tod, da war Nonno neun, sagte seine Mutter zu ihm: „Ab heute bist du nicht mehr mein Sohn!", und steckte ihn ins Internat, um mit ihrem Freund zusammenleben zu können. Wenn am Wochenende die Eltern der anderen Kinder kamen, sah Nonno traurig und voller Neid zu, wie sie ihnen Süßigkeiten oder saftige Orangen mitbrachten. Ihn besuchte nie jemand, das machte ihn wütend. Sobald die Eltern wieder weg waren, ging er auf die anderen Kinder los, bis sie ihm ihre Geschenke gaben. Wer Glück hatte, musste nur mit ihm handeln und kam dadurch glimpflich davon. So lernte Nonno früh zwei Dinge: „Der Stärkere gewinnt" und: „Nimm dein Leben selbst in die Hand, wenn du etwas bekommen willst."

Nachdem er im Internat eine Schreinerlehre abgeschlossen hatte, begann für ihn ein unruhiges und gefährliches Leben. Mit seinen 16 Jahren war er nun auf sich gestellt und schlug sich durch, teilweise mit Schreinerarbeiten, aber auch mit krummen Geschäften und als gefürchteter Straßenkämpfer. Schließlich arbeitete er als Grenzgänger in verschiedenen Jobs in der Schweiz. Mit seinen zwei rechten Händen wurde alles, was Nonno anfasste, zu Gold. In der Schreinerei, wo er arbeitete, überflügelte er mit seinem irren Tempo und Geschick alle.

Nonno war auch legendär stark: Wenn es auf dem Bau galt, zentnerschwere Zementsäcke zu tragen, warf er sich einen in den Nacken, hievte einen auf jede Schulter und zwei unter die Arme. Wer ihn kannte, wagte es nicht, sich mit ihm anzulegen. Er hatte gelernt, der Stärkere zu sein. Sogar zwei Narben von Kugelschüssen in seinem Bein hat er mir gezeigt, die von brenzligen Situationen in seinem Leben zeugen ...

Schließlich siedelte Nonno ganz in die Schweiz um, ins Wallis nach Brig, und gründete dort mit einer jungen Italienerin eine Familie. Auch sie, meine Nonna, war eine Kämpferin; sie war mit acht Jahren Vollwaise geworden und hatte ihre beiden Geschwister allein aufgezogen. Nicht viel später bekamen meine Großeltern Togni Kinder – Lorenzo, meinen Papa, und Paolo, meinen Onkel. Nonno lebte sich dann aus: in verschiedenen Unternehmen, die er erfolgreich aufbaute, dem Ferrari, den er sich mit seiner ersten Million kaufte, mit seinem Hotel in Spanien, aber auch als Lebemann. Bitter war es für meine Großmutter und die Ehe, die schließlich auseinanderbrach. Heute lebt Nonno in Nordspanien; meine Nonna hingegen ist nach Norditalien zurückgezogen.

Immer wenn ich Nonna heute dort besuche, in ihrer kleinen, blitzblanken Wohnung mit weißem Marmorboden, dampft eine Lasagne im Ofen oder wartet ein Tiramisu auf mich. Sie ist unglaublich stolz auf ihre Enkel, gleichzeitig lässt sie keine Gelegenheit aus, sich über mein Aussehen zu beschweren – meine langen Haare, den Vollbart, meine Tattoos und zerschlissenen Jeans. Das alles mag Nonna nicht. Trotzdem zieht sie freudig mit mir durch das winzige italienische Örtchen und stellt mich sämtlichen Leuten vor. Dass sie das schon hundert Mal gemacht hat, wissen meistens nur der Vorgestellte und ich – und wir grinsen uns jedes Mal wissend an.

Nonno und Nonna verdanke ich einen heiligen Ort meiner Kindheit – La Mata. Ein wahres Paradies. Besonders deutlich erinnere ich mich an die Zeit, als wir während der Primarschule dort in Spanien waren, da war ich neun. Wir lebten in einem Apartment im Hotel, ganz nah am Meer. Unsere Wohnung in einem der oberen Stockwerke hatte eine herrliche Dachterrasse. In einem Häuserblock unmittelbar vor dem Aparthotel war eine Dachwohnung als Klassenzimmer für uns Kinder eingerichtet worden. Wir hatten unglaubliches Glück: Eine junge, sehr engagierte Lehrerin aus der Schweiz, Cécile, nahm sich ein Jahr Auszeit von der Schule und kam als Privatlehrerin für uns mit.

Wir schlossen einander gleich ins Herz und liebten es, zu Cécile in den Unterricht zu gehen. Sie musste ja den Stoff für uns alle drei parallel unterbringen, da wir in unterschiedlichen Klassenstufen waren. Oft nahmen wir Themen zusammen durch und natürlich musste Anja, die Älteste, am meisten lernen. In den Pausen flitzten wir schnell in unsere Wohnung und zogen unsere Badehosen an. Cécile wartete schon vor dem Hotel auf uns, auf dem Kopf einen großen Strohhut, unter dem ihre fröhlichen Augen hervorblitzten. Zusammen liefen wir an den Strand und lachten ausgelassen, als wir im heißen Sand, der unsere nackten Füße verbrannte, von einem Bein aufs andere hüpften. Schnell rannten wir aufs Wasser zu und stürzten uns schreiend vor Freude in die herrlichen Fluten der Costa Blanca.

Im Grunde war für uns Kinder die Zeit mit Cécile nie Schule. Immer machte es Spaß und war spannend – was ich von meiner sonstigen Schulerfahrung ganz und gar nicht behaupten kann. Wir alle freuten uns immer auf Céciles fröhlichen Unterricht und kamen auch nie zu spät. Na ja, fast nie – außer ich, mittwochs …

Mittwochs war Straßenmarkt in La Mata. Mein Tag! Ganz früh schlich ich los zum Kanal del Acequión, wo viele bunte Stände die Straße säumten: stapelweise billige Handtaschen, duftende Blumen, kitschige Souvenirs aus Plastik oder Keramik, Kleider und bunte Strandausrüstung, streng riechende Lederwaren und zahlreiche Lebensmittelstände. Schon am Morgen herrschte hier reger Betrieb. Der Markt war ein Magnet für Touristen aus den umliegenden Urlaubsorten. In Scharen schlenderten sie hier durch die Gassen und versorgten sich mit Lebensnotwendigem, bevor am Mittag die unerträgliche Hitze ausbrach. Ich aber hatte nur ein Ziel: den Obststand mit den herrlich bunt arrangierten Bergen von Zitronen, Trauben, Äpfeln, Kirschen, Orangen und riesigen Wassermelonen, unter denen die Bretter ächzten. Schnell kramte ich eine 25-Peseten-Münze aus der Tasche – dieses schöne Geldstück mit goldenem Rand und einem Loch in der Mitte – und setzte als blonder Neunjähriger meinen wirkungsvollsten Hundeblick auf. Dabei hielt ich dem Verkäufer die Münze hin, zeigte mit der anderen Hand unschuldig auf die Melonen und sagte in meinem kindlichen Spanisch: „Ich habe nur das!"

Meine Strategie ging voll auf! Mit erweichtem Herzen gab mir der Verkäufer dann eine Melone – natürlich für einen Bruchteil des marktüblichen Preises. Siegessicher und stolz schleppte ich meine Beute zurück – ich konnte sie kaum tragen! Vor dem Hotel blieb ich kurz stehen, schaute, ob die Luft rein war – kein Papa, kein Nonno, keine Mama – und huschte in die Küche zu meinem Freund Vincent. Vincent war der Hotelkoch, ein großväterlicher Typ mit weißen Haaren und gütigen Augen. Er grinste vielsagend, als er mich sah, und hob vergnügt die Augenbrauen. Auf meine Bitte hin schnitt er die Melone in Stücke, packte sie fein säuberlich in Folie ein und ließ mich verschwörerisch hinten durch den Bedienstetenausgang verschwinden. Dort setzte ich mich dann an die Straße vor den schattigen Kellereingang und verkaufte den gerührten Spanierinnen Melonen – natürlich wieder mit Hundeblick und zu einem Preis pro Stück, der bei Weitem höher war als eine ganze Melone. Danach flitzte ich nach oben in den Klassenraum und tat so, als sei nichts gewesen. So verdiente ich mir mein Taschengeld in Spanien. Tja, früh übt sich, wer ein Kaufmann werden will!

Eine andere Möglichkeit, an Taschengeld zu kommen, bot sich uns in den Ferien, wenn wir im Hotel helfen durften. Einmal mussten Mario und ich wochenlang die Dachterrasse schrubben, die riesig war und mit der wir einfach nicht fertig wurden! Überall Sand und immer wieder neuer Sand. Aber der mit Abstand genialste Job im Hotel war Brunnenputzen. Der plätschernde Blickfang im Hoteleingang musste natürlich ordentlich aussehen. Also traten Mario und ich immer wieder zur Brunnenkosmetik in Aktion. Dazu mussten wir komplett das Wasser ablassen, aber im Optimalfall vorher noch die Goldfische und Schildkröten umsiedeln. Das war jedes Mal eine riesige Gaudi, wie wir hoch konzentriert am Beckenrand standen und versuchten, mit bloßen Händen diese glitschigen Fischlein zu fangen. Ständig flutschten sie uns durch die Finger und platschten zurück ins Wasser. Bald erfüllte schallendes Lachen den Empfangsbereich und wir trieften von Kopf bis Fuß.

Das Hotel, unsere Dachterrasse und der Unterricht mit Cécile, über den Dächern von La Mata und mit der Brandung im Ohr, ist mir wie ein heiliger Ort in Erinnerung. Wenn ich daran denke, habe ich gleich wieder den Geruch in der Nase. Er ist mit Worten kaum zu beschreiben – es ist ein Duft von Frieden, von Harmonie, wie ein Stück Himmel.

Als wir aus Spanien wieder zurück in die Schweiz kamen, zogen wir an den absolut herrlichsten Ort meiner Kindheit – den Bauernhof von Familie Schacher. Insgesamt zehn Jahre lang wohnten wir als Mieter bei ihnen. Bea und Sepp Schacher hatten vier Kinder: Stefan, der Älteste, dann noch Sandra, Patrizia und Rolfi. Rolfi war so alt wie ich und vom ersten Moment an waren wir ganz dicke Freunde. Fast jede freie Minute verbrachten wir zusammen im Stall, bei den Hühnern, Schweinen, Kühen oder Hasen. Schon ganz früh morgens vor der Schule gingen wir zu den Tieren. Auf dem Hof, der im dunstigen Morgengrauen ganz verlassen dalag, regte sich kaum etwas. Mit vereinten Kräften schoben Rolfi und ich die quietschende Tür zum Stall auf, wo uns der vertraute würzig-warme Duft empfing. Leise muhten die dampfenden Rinder, wedelten peitschend ihren Schwanz durch die Luft und schmatzten wiederkäuend vor sich hin. Wir hörten die Melkmaschinen surren, die der Knecht oder auch Sepp schon angeschlossen hatten, und fingen an die Tiere zu füttern. Bald glühten unsere Köpfe vor Leidenschaft.

Oft verloren wir dabei die Zeit völlig aus den Augen. „Schon halb acht! Schnell, Rolfi, ab zum Frühstück!", rief ich und wie der Blitz rannten wir in unsere Wohnungen, um uns umzuziehen und hastig noch ein Brot zu essen. Mama verdrehte lachend die Augen, wenn ich in die Küche kam: „David, du stinkst nach Mist! Mit so einer Stallfahne kannst du doch nicht in die Klasse gehen!" Kurz entschlossen steckte sie mich unter die Dusche und machte mit dem strengen Kuhduft kurzen Prozess.

Der Hof von Schachers lag auf einem Hügel etwas außerhalb von Inwil, einem kleinen Bauerndorf in der Nähe von Luzern. Unten im alten Bauernhaus wohnte Familie Schacher, darüber die Großmutter und ganz oben wir. Unsere Wohnung war herrlich lichtdurchflutet und die einzelnen Zimmer mit alten, von Holz eingerahmten Glastüren miteinander verbunden. Nachts hörten wir das Geraschel von Mäusen in den Vorratskammern. Einmal fingen wir die Katzen auf dem Hof und sperrten sie in die Kammern, damit sie die Mäuse fingen. Als wir nach einigen Stunden langsam die Tür wieder öffneten und nach unseren Jägern mit ihrer Beute sehen wollten, saßen da nur zwei verstörte Katzen, die uns mit großen Augen ansahen. Ans Mäusefangen hatten sie im Traum nicht gedacht.

Gegenüber vom Bauernhaus standen große hölzerne Bienenstöcke, um die herum immer ein geschäftig summender Betrieb herrschte. Rechts neben dem Haus gab es einen herrlich angelegten riesigen Garten mit einem kleinen Teich und einer schönen Sitzecke. Viele laue Sommerabende haben unsere Familien dort zusammen verbracht, beim Grillen draußen oder einem Glas Wein für die Großen. Wir Kinder spielten auf der Wiese Karten oder flitzten mit unseren Rädern oder Rollerblades um die Ställe und Garagen – umgeben von Summen, Muhen und dem Duft von frisch gemähtem Gras. Hinter dem Bauernhaus lag meine glückliche Abenteuerwelt – der Stall mit den Kühen und Hasen samt Heuboden, das Hühnergehege, der Schweinestall, die Garagen mit dem Traktor und dahinter die weiten Felder.

Den Tag, an dem ich endlich zum ersten Mal selbst Traktor fahren durfte, erwartete ich voller Ungeduld. Rolfi und ich hockten oft am Feldrand und schauten Sepp sehnsüchtig dabei zu, wie er den großen Schlepper lenkte. Manchmal durften wir auch mitfahren und saßen dann neben Sepp in der heiligen Fahrerkabine. Endlich war er dann da, der schönste Tag überhaupt. Ich war zehn, als Sepp uns verkündete, wir dürften jetzt Traktorfahren lernen. Natürlich schien die Sonne – in meiner Erinnerung war auf dem Bauernhof immer gutes Wetter. Vor Übermut jubelnd stürzten Rolfi und ich in die Fahrerkabine des Treckers. Zuerst durfte natürlich Rolfi, der Bauernsohn. Ich saß nebendran und versuchte meine Beine still zu halten, so kribbelten sie. Endlich war ich dran und wir wechselten. Zuerst nahm mich Sepp auf den Schoß, ich hielt das Lenkrad unter Kontrolle und durfte die Schaltung bedienen, die an einem langen Stab bis neben den Fahrersitz emporragte. Sepp betätigte das Gaspedal und rief mir durch den Motorenlärm zu, wann ich schalten musste. Der Traktor machte einen Ruck, knatterte laut und wir fuhren! Es war ein herrliches Gefühl. Als ich genug Übung hatte mit dem Rhythmus von Schalten, Kuppeln und Gasgeben, durfte ich auch selber ans Gaspedal und konnte (mit Sepp nebendran und natürlich nur auf dem Hofgelände) ganz allein Traktor fahren! Nur zum Kuppeln musste ich immer aufstehen, weil meine Beine noch nicht lang genug waren. An diesem Tag waren Rolfi und ich Helden.

Damals wussten wir ganz genau:
Wenn wir groß sind, werden wir Bauern
und übernehmen gemeinsam den Hof!

Von jetzt an gehörte es zu unserer wichtigen Mission, jeden Abend das Wasserfass für die Kühe mit dem Traktor zu holen. Wer von uns beiden gerade nicht am Steuer saß, setzte sich auf die Mitfahrerbank und drehte das Radio auf, das in der Kabine angebracht war. Mit den aktuellen Schlagern im Ohr knatterten wir überglücklich über den Hof. Auch wenn Rolfi und ich sonst immer ein Herz und eine Seele waren, kannten wir beide nichts, wenn es darum ging, wer dran war mit dem Wasserfass. Da gab es heftige Streitereien, aber wir vertrugen uns auch ganz schnell wieder. Damals wussten wir ganz genau, wie unsere Zukunft aussehen sollte: Wenn wir groß sind, werden wir Bauern und übernehmen gemeinsam den Hof! Ja, so sollte das ganze Leben weitergehen!

Früh durfte ich auch eigene Tiere halten. Mit neun Jahren besaß ich Zwerghühner, deren Eier ich natürlich verkaufte. Alfred und Beatrice aus der Kirchengemeinde waren meine treuesten Abnehmer. Immer sonntags, wenn meine Eltern das Auto vor der Kirche geparkt hatten, raste ich voller Stolz mit meiner Ware los. Hatte ich Alfred gefunden, streckte ich ihm freudestrahlend meine Hand mit der Eierschachtel hin und nahm glücklich das Geld entgegen.

Einmal an Weihnachten ging dann mein größter Kinderwunsch in Erfüllung: Amy. Bereits um den vierten Advent herum hatte ich den Verdacht, dass es dieses Jahr an Heiligabend so weit sein würde. Durch die Glastür zum Wohnzimmer hatte ich nämlich heimlich beobachtet, wie Papa eine große Holzkiste hereingetragen hatte. Als ich am 24. Dezember dann vor dem Weihnachtsbaum mit den Geschenken stand, wusste ich es ganz sicher. Aus der Holzkiste waren kratzende Geräusche zu hören, etwas wetzte ganz aufgeregt darin hin und her. Als ich sie überglücklich öffnete, war da ein kleines rosa Ding mit einer riesigen grünen Schleife um den Bauch, die beinahe größer war als das Tier selbst: Ich hatte ein Schwein geschenkt bekommen! Endlich, endlich, mein eigenes Schwein! Zu der Zeit war der absolute Lieblingsfilm von uns Kindern *Amy und die Wildgänse*. Daher war es sofort beschlossene Sache, dass das Schwein Amy heißen sollte. Den Namen ließen wir ihr ins rechte Ohr stanzen und Amy durfte zusammen mit den Schweinen von Familie Schacher im Stall leben. Doch sie war natürlich nicht irgendein Schwein, sondern ein ganz besonderes und hochintelligent noch dazu!

Schweine sind normalerweise sehr scheu – aber meine Amy war handzahm. Wenn ich am Gitter zum Schweinestall stand und nach ihr rief, kam sie aus einer Herde von circa 200 Schweinen auf mich zugelaufen. Sie wusste, was dann geschah – dieses Vorrecht teilte keiner ihrer Stallgenossen: Ich holte die Leine hervor, legte sie ihr an und ging mit meiner Amy spazieren, so wie andere das mit ihrem Pudel machen. In der ganzen Hofumgebung waren wir zwei bekannt wie ein bunter Hund. „Da ist David und sein Schwein", sagten die Leute lachend, wenn ich mit Amy an ihnen vorbeispazierte.

Leider sind auch die Tage eines Schweins gezählt, besonders auf einem Bauernhof. Nach sechs bis neun Monaten müssen sie geschlachtet werden, weil sie sonst zu groß werden. An dem Tag, als es für Amy so weit war, bekam ich schulfrei. Sensibel, wie Schweine sind, spüren sie es genau, wenn es zum Metzger geht. Auch Amy rannte an diesem Tag zum ersten Mal vor mir weg, als ich sie rief. Mir versetzte es einen Stich in die Brust. Schließlich verluden Sepp und ich Amy und alle anderen Schweine, die geschlachtet werden mussten, in den Transporter und fuhren zum Schlachter. Als wir sie wieder haustrieben, rief ich Amy noch einmal. Diesmal kam sie zu mir und ich konnte ihr Tschüss sagen. Wehmütig blickte ich ihr hinterher. Ja, Schweine sind geniale Tiere. Wenn ich irgendwann mal ein großes Haus haben sollte, halte ich wieder eine Amy.

Dann gab es da noch meinen Hasen. Es war eine Sie. Einmal schlich ich mich zum Hans, dem Onkel von Sepp, der in einem Haus schräg hinter dem Bauernhaus lebte. Mit meiner Häsin auf dem Arm blickte ich ihn verschmitzt von unten an und bat ihn, meinen Hasen einen Tag lang zu seinem in den Stall zu stecken. Er lachte schallend auf. Natürlich war seiner ein männlicher Hase. Er tat mir den Gefallen und so wurde mein Superhase schwanger, und wie das mit Hasen so ist, hoppelten nach kurzer Zeit richtig viele Hasen durchs Gehege.

Der Bauernhof war meine heile Welt, bis heute ist er in meiner Erinnerung wie ein weiterer heiliger Ort. Dort war alles noch sorglos, ohne Brüche, ganz. Beim besten Willen kann ich mich aus dieser Zeit an nichts Schlechtes erinnern. Alles war perfekt, vielleicht bis auf die Sache, wer mit dem Traktorfahren dran war. Heute kann Rolfi das so viel tun, wie er will, denn vor ein paar Jahren hat er den Hof von seinem Vater übernommen. Ich gönne es ihm von ganzem Herzen.

Doch die sorglose Idylle konnte nicht ewig fortbestehen. An einem Frühsommerabend, ich war zwölf Jahre alt, lag ich oben auf dem Balkon und hörte meine Eltern im Garten mit Schachers reden. An ihrem Tonfall merkte ich, dass es um etwas Wichtiges und auch Trauriges ging. Gespannt hielt ich die Luft an, um besser lauschen zu können, und spähte durch die Brüstung nach unten. Sie sprachen über Geld und meinen Onkel Michael, der gerade mit seiner Frau Evelyne und dem Baby in eine Reihenhaussiedlung im Kanton Thurgau gezogen war. Dort sei ein Haus noch nicht vermietet. In mir machte sich Angst breit. Als meine Eltern Schachers mit erstickter Stimme eröffneten, wir würden wegziehen, traf mich fast der Schlag. Tränen schossen mir in die Augen und ich bebte am ganzen Körper. Das hier war doch mein Leben, meine Zukunft, hier war alles, was mir etwas bedeutete, der Bauernhof, Rolfi und die Tiere! Wie betäubt fiel ich zurück in den Liegestuhl und starrte mit glasigen Augen in den wolkenlosen Himmel. In diesem Moment wusste ich: Jetzt ist meine sorglose Kindheit zu Ende.

Es folgten Wochen, in denen wir als Familie über den Wegzug sprachen, über die Vor- und Nachteile, und in denen wir uns auch darauf freuten, bald ganz nah bei unserem ersten Neffen, dem kleinen Sandro, zu leben. Doch der Schmerz um mein verlorenes Paradies war bei Weitem größer.

An einem milden Augustmorgen packten wir unsere Sachen in einen Umzugswagen und fuhren ein letztes Mal vom Hof. Alle sieben Schachers standen vor dem Bauernhaus und winkten uns hinterher. Mir brach es fast das Herz, den Bauernhof aus der Ferne immer kleiner werden zu sehen. Ich vermisste Inwil schon jetzt ganz schrecklich. Wie sollte ich das nur aushalten? Ich ahnte nicht, dass es wenig später noch viel schlimmer kommen sollte.

DER RISS

Wir zogen also nach Wilen bei Wil im Kanton Thurgau in die Nachbarschaft meines Onkels Michael. Das war schon der siebte Umzug unserer Familie, seit ich auf der Welt bin, und wieder bedeutete es einen Neuanfang für uns alle: neue Nachbarschaft, neue Schule, neue Klassenkameraden, neue Lehrer, neue Freunde … und die erst mal finden. Wenn ich abends im Bett lag, dachte ich oft traurig an Rolfi, Familie Schacher, den Bauernhof und die Tiere. Ich vermisste das Leben in Inwil.

Immerhin hatten wir uns als Geschwister, das war ein Glück, das uns niemand nehmen konnte. Die vielen Orts- und Schulwechsel schweißten uns so eng zusammen, dass meine Mutter uns oft sogar als „Drillinge" bezeichnete. Meine Schwester Anja war ein extrem sensibles und braves Mädchen und vermittelte oft zwischen uns, wenn wir Raufbolde wieder was ausgefressen hatten. In Spanien hatte sie viele Gelegenheiten dazu, zum Beispiel wenn Mario und ich uns hinter die Mauer der Dachterrasse duckten und durch die kunstvoll gemeißelten Muster spähten – hinter uns ein Eimer mit einer stattlichen Wasserbombenmunition. Wir freuten uns diebisch, diese kleinen Erfrischungen über die Brüstung zu werfen – hinunter ins Gartencafé, wo die Hotelgäste unschuldig ihren Eiskaffee schlürften. Als Mama uns entdeckte, traf sie fast der Schlag. Zwar hatten wir noch keinen der Gäste erwischt, aber es setzte eine Standpauke. Da verteidigte Anja uns und beschwichtigte Mama, dass ja nichts passiert sei. Oder wenn ich wegen meiner Melonenaktionen doch einmal zu spät zum Unterricht kam, dann war es selbstverständlich meine Schwester, die ein gutes Wort für mich einlegte.

Anjas einfühlsame Art und ihre begeisterte, tiefe Beziehung zu Gott bewunderte ich sehr und nahm sie mir zum Vorbild. Besonders beeindruckte mich, wie sie andere Menschen wahrnahm und ihnen Raum gab. Einmal waren wir mit der Jungschar auf einem Camp in der Ostschweiz, das sie als Teenager mit leitete. Dort erspähte ich Anja meistens, wie sie mit einzelnen Personen zusammensaß – auf der Wiese, nach dem gemeinsamen Abendessen am Tisch, im Aufenthaltsraum – und ihrem Gegenüber aufmerksam zuhörte, der ihr sein Herz ausschüttete. Durch ihr Leben bekam ich eine Vorstellung davon, wie Gottes Liebe und Freundlichkeit sein müssen. Er strahlte und leuchtete förmlich aus Anja heraus.

An einem herrlich sonnigen Nachmittag im August wollte ich in den Wald hinter Wilen raus und laufen gehen. Die Sonne hatte mich schon gelockt, während ich noch unkonzentriert am Schreibtisch saß und meine Hausaufgaben erledigte. Schließlich schlug ich mit Schwung das Heft zu und beeilte mich, in die Natur zu kommen. Wo waren nur meine Laufschuhe? Weder in der Kommode noch im Schuhregal konnte ich sie finden. Auch vor dem Haus hatte ich sie nicht liegen lassen. Da fiel mein Blick auf Anjas funkelnagelneue Turnschuhe. Sie hatte sie ganz neu für den Sportunterricht in der Berufsschule bekommen, die vor zwei Tagen begonnen hatte. Ich zögerte kurz. Anja hatte sie noch nicht getragen und eigentlich waren sie ja auch für die Halle gedacht. So what? Die Sonne juckte mich und ich wollte einfach raus, sofort. Anja würde es schon verstehen, dass ich mir kurz ihre Schuhe leihen musste. Also – Sporttreter an, Tür zu und ab ins Grüne.

Nach einer halben Stunde im Wald fiel mein Blick auf die Turnschuhe, die kurz vorher noch blitzend weiß gestrahlt hatten. Jetzt waren sie voller Sand und Erde vom Waldboden. Mein schlechtes Gewissen guckte um die Ecke, aber ich schob es weg und war mir sicher, dass Anja das Ganze schon nicht so eng sehen würde. Zu Hause pulte und bürstete ich ein wenig an den Schuhen herum, um den Dreck abzubekommen, aber es half nichts. Schuldbewusst stellte ich die nicht mehr ganz so neuen Sneaker wieder an dieselbe Stelle im Flur und hoffte das Beste. Als Anja nach Hause kam, fiel ihr Blick gleich auf die so zugerichteten Treter. Sie war ziemlich sauer auf mich. Halb betroffen, halb spaßig versuchte ich ihr zu verkaufen, dass ich die Schuhe doch extra für sie eingelaufen hätte. Verärgert verdrehte Anja nur die Augen. Mir tat es weh, dass ich meine geliebte Schwester wütend gemacht hatte.

Später, als ich im Bett lag, huschte Anja in mein Zimmer. Geräuschlos hockte sie sich neben mich, blickte mich zärtlich an. „Entschuldige, David, dass ich vorhin böse geworden bin. Das wollte ich nicht", sagte sie. „Du kannst meine Schuhe natürlich immer zum Laufen nehmen, wenn du möchtest." Da war ich baff: SIE entschuldigte sich, wo doch ICH mich absolut nicht korrekt verhalten hatte!

> **Durch Anjas Leben bekam ich**
> **eine Vorstellung davon,**
> **wie Gottes Liebe**
> **und Freundlichkeit sein müssen.**

In vielem bin ich Anja extrem ähnlich. Viele sagen sogar, ich sehe aus wie sie. Dagegen sind Mario, der nur ein Jahr älter ist, und ich wie Tag und Nacht. Mario war immer ein eher ruhiger Typ, recht kontrolliert und vernünftig – außer natürlich wenn wir Streit hatten! Ich liebte es, mit ihm loszuziehen, etwas zu unternehmen oder Schabernack zu treiben. Im Vergleich zu mir ist Mario aber der Pragmatische und handwerklich total begabt. Sobald es etwas am Haus zu werkeln gab, war er mit Papa zugange und bohrte, schraubte, baute Möbel auf oder installierte Lampen. Als Schüler war Mario auch deutlich besser als ich – und das immer, ohne groß zu lernen. Lesen hasste er wie die Pest, bis auf eine ziemlich spezielle Ausnahme, von der ich hier erzählen will.

Als er zehn war, bekam Mario von Tante Brigitte ihre gebrauchte Spiegelreflexkamera, die nicht mehr ganz funktionierte. Ein richtig teures Ding. Damit verschwand Mario für eine lange Weile. Schließlich fanden wir ihn auf der überdachten Terrasse unserer Erdgeschosswohnung. Im kalten Nieselwetter saß er dort, eine Wolldecke um die Schultern, und tat, was uns alle verwunderte: Er las! Wie von einem spannenden Krimi gefesselt, verschlang er die Betriebsanleitung der Kamera. Natürlich mit Erfolg, denn er fand den Fehler: Nur ein kleiner Schalter am Objektiv fehlte für den Autofokus. Als sei nichts leichter als das, baute Mario diesen ein und hatte im Handumdrehen eine wieder perfekt funktionierende Kamera. Als er Tante Brigitte von der Reparatur berichtete, bestand sie großzügig darauf, dass er die Kamera behielt. Von nun an waren Mario und seine Kamera beste Freunde. Besonders auf Urlaubsfotos, die Mario nicht selbst geschossen hat, hängt immer eine Kamera um seinen Hals oder ist an seiner Gürteltasche festgemacht. Heute ist Mario ein gefragter und begnadeter Hochzeitsfotograf. Obwohl er wegen seiner Rot-Grün-Schwäche von einer Fotografenausbildung ausgeschlossen war, hat er es mit seinem Talent und seinem hemdsärmeligen Ehrgeiz als Autodidakt geschafft. Dazu kommt, dass er und seine Frau Madeleine mich inzwischen zum stolzen Onkel des süßen, kleinen Micha gemacht haben!

Ich, der Jüngste, war immer der Verspielte, Sensible und der Träumer. Mich in der Schule zu konzentrieren, war überhaupt nicht mein Ding und so Detaildinge wie Schönschreiben schon gleich zehnmal nicht. An meiner Klaue hat sich bis heute nicht wirklich etwas geändert. Mit meinen vielen Ameisen im Hintern mussten die Lehrer sehr geduldig mit mir sein und das fiel einigen nicht gerade leicht. Auf einem Stuhl lange Zeit an einem Tisch zu sitzen, ist bis heute das Ödeste, was es für mich gibt. Meine heimlichen Helden waren diejenigen meiner Lehrer, die viel mit uns in die Natur gingen und Ausflüge machten. Draußen sein, Herumtoben, Tiere und Natur entdecken – dafür war ich immer zu haben!

Theoretisches und Struktur interessierten mich herzlich wenig, daran hat sich bis heute nichts geändert. Auch die Ameisen kribbeln mir noch immer im Hintern, wenn es darum geht, mich einmal länger mit einer Sache aufzuhalten. Immer stürmen 100 Dinge gleichzeitig auf mich ein und lenken mich ab, was ich auch meiner Hochsensibilität verdanke. Dabei nehme ich extrem viel wahr, was in Menschen um mich herum vorgeht. Ihre Gedanken, Stimmungen, Nöte und Gefühle prasseln ständig auf mich nieder und wollen verarbeitet und eingeordnet werden. Nehme ich dann noch meine nicht gerade strukturierte Gedankenwelt und die vielen Ideen mit dazu, die ständig durch meinen Kopf blitzen, macht mich das zu einem richtigen „Spaghetti-Denker": ein Berg von Gedankenfäden und alle in einem verwickelten Haufen, sodass man mit der Gabel immer nur mehrere auf einmal bekommt. Einzeln sind Gedanken bei mir kaum zu haben und sortiert auch eher selten. Aber ich bin dankbar dafür, wie ich funktioniere, Gott hat sich das wunderbar ausgedacht, wie bei jedem Menschen. Wir sind einfach unterschiedlich und einzigartig – und ergänzen uns im Idealfall.

Wie Mario und ich. Beide haben wir etwas Künstlerisches von Nonno geerbt, das sich bei Mario in seinem genialen ästhetischen Gespür beim Fotografieren niederschlägt. Meine künstlerische Ader ist auch visuell, aber viel stärker visionär und ich finde, das geht auch ohne viel Struktur. Wenn ich ein Ziel vor Augen habe, dann stürme ich darauf zu – ohne jahrelang Skizzen und Pläne zu entwerfen. Da sind mein Bruder und auch mein Vater das glatte Gegenteil: geradlinig, strukturiert, bodenständig und klar – das, was man vielleicht einen typischen Schweizer nennen könnte. Mario und ich ergänzen uns mit unseren Gegensätzen: Er ist in meinen Augen ein Schwarz-Weiß-Denker und könnte etwas mehr Farbe im Leben vertragen. Er wiederum findet, ich brauche Klarheit. Wahrscheinlich ist beides nötig. Hätten wir ein Unternehmen zusammen, wären wir das ideale Dream-Team.

In unseren Kiindertagen waren allerdings Anja und ich jedes Jahr am 24. Juli das unangefochtene Dream-Team. An diesem Tag sind wir nämlich beide geboren worden – mit drei Jahren Abstand, sie 1984 und ich 1987. Zum Geburtstag hatten wir immer ein ganz spezielles Ritual. Dabei mussten Anja und ich vor der Stube warten, während Mama, Papa und Mario das Zimmer mit Girlanden schmückten und den festlichen Geburtstagstisch vorbereiteten – mit Kuchen, besonderem Frühstück und vor allem den heiß ersehnten Geschenken! Natürlich brauchten sie ewig und Anja und ich waren ganz zappelig hinter der Zimmertür. Aufgeregt überlegten wir, was wir wohl bekommen würden. Hatte sich jemand in den letzten Tagen verraten? Hatten wir schon spicken können, was unsere Eltern irgendwo vor uns versteckten? Wir wurden immer kribbeliger. Endlich hörten wir ihn, den erlösenden Klang: das Klingeln der hellen Geburtstagsglocke! Es war das Signal, dass alles bereit war und wir endlich kommen durften. Hand in Hand und vor Freude strahlend rannten wir hinein in die Stube. Dort sangen wir alle zusammen „Happy Birthday" – ich schmetterte für Anja mit, sie für mich –, pusteten gemeinsam die Geburtstagskerzen aus und stürzten uns auf die eingepackten Überraschungen und den Kuchen. Jedes Jahr war es ein so herrliches Fest! Wir liebten es, diesen besonderen Augenblick zu teilen. Wer hat schon am selben Tag Geburtstag?!

Da der 24. Juli immer in die Sommerferien fiel, zelebrierten wir dieses Ritual an verschiedenen Orten. Häufig waren wir auf Mallorca, wohin meine geliebte Oma Renate und Opa Peter ausgewandert waren, und feierten dort unter Palmen auf ihrer Terrasse mit der Meeresbrise in der Nase. An unserem Geburtstag im Jahr 2000 machten wir gerade Urlaub an der Ostsee. Meine Eltern hatten in Ölendorf, ein Stück nördlich von Lübeck, eine Ferienwohnung gemietet. Der Urlaub war die letzte unbeschwerte Zeit, bevor unsere Familie tief erschüttert werden sollte. Obwohl Anja mit ihren 16 Jahren schon ein Teenager war und allein hätte schlafen können, machte sie nicht auf cool, sondern wollte sich lieber mit ihren jüngeren Brüdern ein Zimmer teilen. So packten wir uns alle drei in den kleinsten Raum der Wohnung, der dann eigentlich nur aus einem Matratzenlager bestand, und hatten eine Riesengaudi. Sogar solchen Kinderkram wie Minigolfspielen machte unsere große Schwester mit Mario und mir. Wie wir alle liebte es Anja, Zeit mit der Familie zu verbringen. Daran änderte sich auch nichts, als sie ein Teenager wurde. Die Familie war unsere heile Welt, die wir genossen.

An einem herrlich milden Abend, die Sonne sank gerade, liefen Anja, Mario und ich hinter dem Ferienhaus auf ein Gerstenfeld. Es stand voller reifer Ähren, die kurz vor der Ernte waren, und im Wind wogten, der vom Meer her wehte. Die untergehende Sonne tauchte das Feld in ein warmes, leuchtendes Gold. Ich blieb stehen und blickte meiner geliebten Schwester hinterher, wie sie mit ihren Handflächen über die Ähren strich und schwerelos in die untergehende Sonne hineinlief – mitten in den Himmel hinein. Alles um sie herum strahlte vor Licht und Frieden. In mir wurde es ganz warm. Ich hätte jubeln können vor Freude oder ihr übermütig hinterherrennen. Doch ich stand einfach nur da und sog dieses Stück Himmel, dieses paradiesische Bild in mich auf. Anja sah aus wie ein Engel, so unbeschwert und voller Leichtigkeit. Sie war gerade frisch verliebt und umarmte das Leben. Ich freute mich so mit ihr. So fühlt sich also das pure Glück an! Das war das Leben, voller Schönheit, Harmonie, Frieden! Dankbarkeit stieg in mir auf und ich flüsterte zu Gott: „Danke für dieses herrliche Leben und diese wunderbare Familie. Und meine Anja." Langsam färbte sich der Himmel rötlich und der glühende Sonnenball versank hinter den Feldern. Doch der heilige Moment blieb und prägte sich tief in mein Herz ein. Seit diesem Tag trage ich ihn dort wie einen kostbaren Schatz.

Am Ende des Urlaubs kam Anja zu mir, streckte mir strahlend ihre geöffnete Hand entgegen und sagte: „David, die ist für dich!" In ihrer Handfläche lag eine pralle Gerstenähre von diesem Feld. Dankbar nahm ich sie entgegen. Bis heute bewahre ich die Ähre wie eine teure Uhr, nein mehr noch – sie würde ich nie verkaufen! Bei jedem meiner vielen Umzüge ist sie das Erste, was ich vorsichtig einpacke, und das Erste, was ich wieder hervorhole. Die Ähre ist die Erinnerung an das strahlende Stück Himmel in Ölendorf, als noch alles gut und heil war.

Von der Ostsee aus machten wir noch eine kleine Familientour zu den Verwandten, die in Deutschland lebten. Damit gingen die Sommerferien schon dem Ende entgegen, auch wenn es gerade Mal Mitte August war. Die Schule begann wieder, das zweite Jahr in Wilen für uns Geschwister. Ich war dreizehn und kam in die sechste Klasse, die letzte der Primarschule, für Mario begann das zweite Jahr der Oberstufe und Anja startete mit ihrer Ausbildung als Kauffrau im Tourismus – teils in einem Betrieb, teils in der Berufsschule, für die sie die berühmten Turnschuhe bekommen hatte.

Am Tag nachdem ich ihre Turnschuhe „eingelaufen" hatte, brach Unruhe in unserer Familie aus. Der Betrieb, in dem Anja angefangen hatte, hatte ein Fest veranstaltet, um einen der Geschäftsführer zu verabschieden. Es war der vierte Tag ihrer Lehre. Eine Kollegin nahm sie im Auto mit zum Fest; abends wollte Anja mit der S-Bahn zurückfahren. Der Bahnhof in Wil lag einige Kilometer von unserem Haus entfernt, sodass es meiner Mutter nicht recht war, dass Anja im Dunkeln allein nach Hause lief. Also fuhr Mama kurz vor zehn durch die laue Augustnacht zum Bahnhof und wartete den einfahrenden Zug ab. Die Türen der S-Bahn öffneten sich, Leute stiegen aus, zerstreuten sich in alle Richtungen, dann leerte sich der Bahnsteig wieder. Von Anja nichts zu sehen.

Wie konnte das sein? Mama wurde nervös. Mit zittrigen Händen kramte sie das Handy aus ihrer Handtasche und wählte Anja an. Während sie weiterhin in Richtung Bahnhof blickte und nach der Silhouette ihrer Tochter Ausschau hielt, lauschte sie dem Signal. Doch Anja nahm nicht ab. Jetzt stieg Panik in Mama auf. Ihre Tochter war absolut zuverlässig und es war ganz und gar nicht ihre Art, sich nicht an eine Verabredung zu halten. Sie hätte sich gemeldet, wenn sich ihre Pläne geändert hätten!

Ihr mütterlicher Instinkt sagte Mama, dass hier etwas nicht stimmte. Atemlos vor Angst fuhr sie nach Hause, stellte den Wagen ab, rannte die Treppen zu dem am Hang gelegenen Reihenhaus hoch und stürmte zu Papa. Ihre Stimme überschlug sich, als sie immer wieder rief: „Es muss etwas passiert sein! Ich spüre es, etwas ist passiert mit Anja!" Papa behielt einen kühlen Kopf und redete beruhigend auf Mama ein: „Anja kommt schon noch. Bestimmt ist etwas dazwischengekommen. Du wirst schon sehen." Dann fuhr Papa zum Bahnhof und wartete die weiteren S-Bahnen ab. Doch wer auch weiterhin nicht ausstieg, war Anja. Allmählich beschlich auch meinen Vater die Angst um seine Tochter.

Mama war zu Hause geblieben, wir Jungs schliefen schon oben in unseren Zimmern. Mit zitternden Fingern wählte sie immer wieder Anjas Handynummer. Ihr Puls raste, während sie das Klingeln abwartete. Fünfmal, sechsmal, zehnmal – panisch legte sie auf und versuchte es wenige Sekunden danach noch einmal. Doch immer nur hörte sie das endlose Tuten in der Leitung.

Fieberhaft überlegte meine Mutter, was sie noch tun konnte. Von Anjas neuen Kollegen kannte sie keinen. Niemand wusste, wo dieses Betriebsfest gefeiert wurde und wie man dort jemanden erreichen konnte. Wie getrieben telefonierte sich Mama durch, bis sie tatsächlich über zig Ecken herausfand, dass die Feier auf einem Bauernhof in der Nähe von Winterthur stattfand. Bald hatte sie jemanden von dort an der Leitung. Mit unglaublicher Beherrschung brachte sie, so ruhig sie konnte, hervor: „Guten Abend, ich bin die Mutter von Anja Togni. Sagen Sie, ist meine Tochter noch bei Ihnen auf der Feier?" Stille. Dann erwiderte die Frau am anderen Ende der Leitung: „Warten Sie bitte einen Moment", und legte mit einem lauten Knacken den Hörer zur Seite. Die Stille und das Warten brachten Mama fast um den Verstand, ihr ganzer Körper bebte vor Anspannung. Wenn Anja nur gleich den Hörer abnahm und sie ihre vertraute Stimme hören würde – dann war alles gut.

Endlich ein Geräusch in der Leitung – jemand nahm den Hörer in die Hand. Es war nicht Anja. Eine erstickte Frauenstimme begann zu sprechen. Mamas letzte Hoffnung war geplatzt. Unbeholfen eröffnete ihr die Frau, was ihr Mutterherz längst intuitiv wusste: Anja ist tot!

Auf einen Schlag weicht alle Kraft aus Mamas Körper. Der Hörer gleitet ihr fast aus der Hand. Da ein klarer Gedanke: Lorenzo anrufen. Schnell wählt sie seine Nummer. Als er abnimmt, hört er nur die panisch gepresste Stimme seiner Frau immer wieder sagen: „Anja ist tot! Anja ist tot!" Von entsetzlichem Schrecken erfasst, stürmt er hilfeschreiend zum Auto und rast blind vor Fassungslosigkeit nach Hause.

Mama ist inzwischen kreidebleich aus dem Haus gestürmt zu ihrem Bruder Michael, der gegenüberwohnt. Gerade noch drückt sie auf die Klingel, da wird ihr schwarz vor Augen, sie verliert den Boden unter den Füßen, ein Abgrund tut sich unter ihr auf, sie fällt und fällt immer tiefer. Ihre Beine klappen weg, sie kann sich nicht mehr halten. Ein markerschütternder Klageruf bricht aus ihrer Kehle, mit einer Wucht und Intensität, die übermenschlich ist. Er lässt die ganze Siedlung erbeben. Tränenüberströmt liegt Mama auf dem Boden, als Michael öffnet und erschüttert seine Schwester sieht. Sie zittert wie Espenlaub am ganzen Körper und schreit sich die Seele aus dem Leib, schreit den wahnsinnigen, grausam tobenden Schmerz hinaus, die bestialische Verzweiflung. Ihre Stimme kreischt, überschlägt sich, nach Atem schnappend keucht Mama heraus: „Jesus, hole mich, nicht die Anja! Lass mich sterben, nicht die Anja!" Schließlich bekommt sie keine Luft mehr, japst, verdreht die Augen und hyperventiliert.

Michael ruft sofort den Arzt, der sich um Mama kümmert und sie an Sauerstoff anschließt. Papa kommt mit quietschenden Reifen angefahren und stürmt verzweifelt dazu.

Eine halbe Stunde später klingelt es an der Tür. Papa und Onkel Michael öffnen. Vor ihnen stehen zwei Polizeibeamte, deren blaue Uniformen sich im matten Schein des Eingangslichts kaum gegen den blauschwarzen Nachthimmel abheben. Mit bekümmerter Miene nehmen sie fast mechanisch ihre Mützen vom Kopf und halten sie mit beiden Händen vor dem Körper. Der eine räuspert sich, bevor er bemüht sachlich, doch mit Unbehagen in der Stimme in Richtung meines Vaters sagt: „Sie sind Herr Togni? Wir müssen Ihnen leider mitteilen, dass Ihre Tochter von einem Zug erfasst wurde und tödlich verunglückt ist."

In diesem Moment brennen auch bei meinem Vater sämtliche Sicherungen durch. Bisher ist er stark geblieben, hat gehandelt und sich um seine Frau gekümmert. Jetzt brechen Wut und Verzweiflung ungebremst aus ihm hervor. Beinahe möchte er die Beamten packen, schütteln und gegen die Wand schleudern! Wie herzlos und unbeteiligt kann man so eine Nachricht überbringen? Die allerschlimmste Nachricht überhaupt für Eltern! Was sind das für unsensible Menschen! Papa beginnt zu rasen und schlägt wie wild um sich. Schreiend will er auf die Beamten losgehen, doch Onkel Michael kann ihn gerade noch davon abhalten. Eine Tonfigur vor dem Hauseingang zerbricht klirrend, Türen knallen – bis Papa völlig erschöpft zu Boden fällt und heftiges Schluchzen seinen Körper schüttelt.

Mich wecken Papa und Michael erst am nächsten Morgen. Sie hocken neben meinem Bett und streicheln mich, bis ich aufwache. Traurig und schweigend blicken sie mich an. Sofort spüre ich, dass etwas nicht stimmt. „Ist die Mama tot?", frage ich alarmiert und schieße hellwach von meinem Kissen hoch. Wortlos schütteln sie den Kopf. Besorgt drehe ich mich zur Seite, blicke zum Flur hinaus und sehe, dass Anjas Tür zu ist. Ein heißer Blitz durchzuckt mich. Wir Geschwister lassen immer die Türen offen stehen, damit wir uns beim Einschlafen sehen können! „Ist die Anja gestorben?", platzt es atemlos aus mir heraus. Papa und Onkel Michael schweigen weiter. Doch ich weiß es. O Gott, ich weiß es! Ich schreie auf, weine, Wut und Fassungslosigkeit überwältigen mich. Wild schlage ich um mich, werfe mich Papa an die Brust und hämmere auf ihn ein. Er streichelt sanft meine Haare, aber ich bin nicht mehr zu beruhigen. Anja ist tot! Meine Anja! Meine Lieblingsschwester! Das darf nicht sein! Das kann einfach nicht wahr sein! Die Tränen laufen über mein Gesicht und finden kein Ende, alles tut mir weh.

Schließlich bringen die beiden mich und den ebenfalls komplett verstörten Mario hinüber in das Haus von Michael, wo Mama ist. Sie müssen mich fast hinübertragen, so kraftlos sind meine Beine. Mario neben mir bewegt sich wie in Trance. Mit verweinten Augen schleppe ich mich durch die Eingangstür, geradeaus durch in die Stube. Auf das, was ich dort sehe, bin ich überhaupt nicht vorbereitet: Totenbleich und völlig erschöpft liegt Mama auf dem Fußboden. Evelyne, Michaels Frau, sitzt mit rot verquollenen Augen in einer Ecke. Sie und Anja hatten ein sehr enges, freundschaftliches Verhältnis. Andere Bekannte sind ebenfalls im Raum und stehen hilflos herum.

Der Anblick meiner Mutter versetzt mir einen riesigen Schrecken. Nicht nur Anja – auch meine starke Mama, die Kämpferin, ist plötzlich nicht mehr da! Jäh zerbricht etwas in mir. Das hier, dieser Freitagmorgen, ist das brutale Ende von allem, was bisher gegolten hat. Es ist das endgültige Ende meiner unbeschwerten Kindheit.

4

SCHWER WIE BLEI

Was dann kam, ist in meiner Erinnerung wie ausgelöscht. Ich erinnere mich nicht an die Tage unmittelbar nach dem schrecklichen Ereignis, das alles für immer verändern sollte und jede Freude aus meinem Leben verjagte. Anja war nicht mehr da. Für immer. Eine heftige Erschütterung hatte unsere Familie erfasst und tiefe, schmerzliche Spalten aufgerissen. Nie wieder würden wir dieselben sein. Eine dunkle Decke der Verzweiflung legte sich über uns alle. Ich fühlte mich unendlich schwer, als wäre Blei in meinem Körper, 700 Kilogramm schwer. Oft weinte ich stundenlang und über Wochen war in mir kein Fünkchen Licht oder Lebenswillen zu finden. Die ersten drei Monate schlief unsere Familie jede Nacht in einem Zimmer, weil keiner von uns es aushalten konnte, allein zu sein. Weinend schliefen wir ein und oft weckte mich mitten in der Nacht das Schluchzen von einem der anderen. Oder ich war es, der die anderen mit meinem Weinen um den Schlaf brachte. Immer wieder beschäftigten uns die quälenden Bilder des Unglücks und der Unfallvorgang.

Anja, unsere geliebte Anja, steht am Bahnsteig des schwach erleuchteten Bahnhofs, wo sie mit anderen Fahrgästen auf die S-Bahn wartet. Die Bahn fährt ein, alle laufen über das Gleis und steigen ein. Niemand nutzt die Unterführung, weil sie vor lauter wucherndem Gebüsch nicht begehbar ist. Warum nur hatte sich niemand je darum gekümmert? Anja ist die Letzte auf dem Gleis und will gerade einsteigen. Da rast ein Schnellzug um die Kurve und erfasst sie! Etwas ist mit dem Fahrplan durcheinandergekommen, der Express kommt sonst immer ein paar Minuten nach der S-Bahn! Heute ist er früher dran und wird für meine Schwester zum Todeszug. Die grässlichen Bilder verfolgen uns wie der schlimmste Albtraum: Der Schnellzug reißt mit voller Wucht Anja mit – ihr blühendes Leben wie eine Blume einfach abgepflückt! Dass sie so einen grausamen Tod finden musste, war für uns kaum zu verschmerzen.

Vier Tage nach dem Unglück, am 21. August 2000, fand die Abschiedsfeier statt. Bereits am Morgen goss es in Strömen. Ein Horrortag. Die Friedhofshalle platzte aus allen Nähten, so viele Menschen waren gekommen, um sich von Anja zu verabschieden. Mitschüler, Kollegen, Freunde aus der Kirchengemeinde, Verwandte, Bekannte – etliche mussten stehen, weil die Stühle nicht ausreichten. Erschüttert und fassungslos saßen wir als Familie in der ersten Reihe. Mama trug eine strahlend beigefarbene Hose und eine weiße Bluse – Kleider, die Anja immer besonders an ihr gefallen hatten. Fest umklammert hielt sie Struppi in ihren Händen, Anjas durchgeknuddelten Plüschhund. Ein ehemaliger Schulkamerad von Anja spielte etwas auf dem Saxofon vor, der Pfarrer predigte, ein Lied wurde gesungen. Dann stand Onkel Michael auf, ging um Fassung ringend ans Rednerpult und hielt eine bewegende Trauerrede. Seine sorgfältig gewählten Worte, Erinnerungen und Anekdoten führten uns Anja noch einmal lebhaft vor Augen und ließen uns spüren, was sie uns allen bedeutet hatte. Durch die Reihen hörte man Schnäuzen und leises Weinen. Viele Mädchen hielten einander schluchzend in den Armen.

Für mich blieb an diesem Tag alles finster. Auch als wir aus der Trauerhalle hinaustraten und plötzlich die Sonne hell schien, war um mich nur dumpfe Dunkelheit. Anschließend fuhren wir zum Leidmahl in das Gemeindehaus unserer Kirche. Solche „Trauerfeiern" finde ich absolut daneben und hielt es auch nicht lange dort aus. Wie durch einen Nebel sah ich, wie die Leute zusammensaßen und sich angeregt, beinahe fröhlich unterhielten. Das erschien mir so respektlos. In mir gab es an diesem Tag absolut nichts, was auch nur einen Anflug von Freude empfinden konnte. Die plappernde Kaffeegesellschaft konnte ich mir nicht weiter mit ansehen. Also packte ich meine Jacke und lief so schnell ich konnte nach Hause.

Atemlos schloss ich die Tür auf und trat am helllichten Tag in unseren stockfinsteren Flur. In der Schweiz ist es Tradition, dass am Tag der Beerdigung die betroffene Familie die Rollläden im Haus runterlässt. Im Dunkeln rannte ich die Stufen nach oben zu Anjas Zimmer. Vor ihrer Zimmertür brach ich zusammen. Von verzweifeltem Schluchzen geschüttelt, kniete ich dort und heulte wie ein Schlosshund. Plötzlich hörte ich ein Saxofon spielen. Wie vom Schlag getroffen hielt ich die Luft an und blickte erschrocken auf. Da entdeckte ich auf dem Balken oben links über der Treppe einen Engel, der dort saß und Saxofon spielte! Es war tatsächlich so ein properer Kinderspeckengel, wie man ihn aus barocken Kirchen kennt, mit lockigen, goldenen Haaren. Aber er spielte keine Harfe oder Posaune – nein, er spielte Anjas Instrument! Um ihn herum war es ganz hell. Verrückterweise wunderte ich mich gar nicht so sehr darüber, obwohl mir vorher, soweit ich weiß, noch nie ein Engel begegnet war. Ich sah ihn so deutlich, völlig real, wie er da saß und musizierte, und es schien mir das Normalste der Welt! In diesem Moment löste sich meine Anspannung. Während ich der wunderschönen Musik lauschte, fiel für einen kurzen Moment ein Schimmer Frieden auf mich. In all dem Aufruhr.

Dort auf dem Balken über der Treppe saß tatsächlich einen Engel, der Saxophon spielte!

Als die Musik verstummte, wurde mein Blick beinahe magnetisch von etwas anderem angezogen. An der Wand gegenüber dem Engel hingen drei Bilder. Es waren Fotos von uns Kindern in selbst gebastelten Rahmen, die wir vor drei Jahren in Spanien zusammen mit Cécile für unsere Eltern gemacht hatten – als Geschenk zum Mutter- und Vatertag. Jeder von uns hatte mit Pappmaschee einen Bilderrahmen geformt, verziert und mit blauer und orangener Farbe angemalt. Dorthinein hatte jeder ein Bild von sich geklebt und auf die Rückseite geschrieben, wie sehr er oder sie Mami und Papi liebte. (Mario schrieb nur einen Satz, der alles sagte; Anja notierte viele liebevolle Worte und ich merkte mit meiner krakeligen Schrift neben meinen Liebesbekundungen noch an, dass Anja ruhig öfter den Kehricht raustragen könnte.)

Jetzt in der Dunkelheit leuchtete Anjas Bild plötzlich auf. Langsam ging ich darauf zu und als ob es das Logischste der Welt sei, nahm ich es von der Wand und drehte es um. An der Rückseite des Rahmens steckte ein gelber Zettel mit Anjas Handschrift. Was ich da las, zog mir die Schuhe aus: „Es sind noch viele Jahre mit mir, natürlich nicht mehr so viele. Seid gefasst, viele Küsse, eure Anja." Viele Jahre ... natürlich nicht mehr so viele. Konnte das wahr sein? Ich las den Zettel wieder und wieder. Plötzlich begann ich zu frösteln und ein Gänsehautschauer lief mir über den Rücken. Hatte Anja es geahnt, dass sie sterben würde? War sie darauf vorbereitet gewesen? Wie hatte sie wissen können, dass wir den Zettel finden würden?

Nach Anjas Tod ging ich vier Wochen lang nicht zur Schule und verließ das Haus kaum. Nur eine Woche nach der Trauerfeier, zu Anjas Beisetzung, die wir im engsten Familienkreis begingen. Auf dem Weg zum Grab lief Mama vorneweg. In ihren kreideweißen Händen hielt sie die Urne. Tränen standen in ihren geröteten Augen und nur mit äußerster Mühe überstand sie den Gang über den Friedhof. Schritt für Schritt durchlitt sie ihren größten Albtraum: ihr eigenes Kind zu Grabe zu tragen. Ich lief mit Mario direkt hinter ihr und Papa her und jeder Schritt kam mir vor, als würde ich einen Zentner Metall versetzen. Mein Blick war auf das vorbereitete Grab gerichtet, das überhäuft war mit leuchtend gelben Sonnenblumen – Anjas Lieblingsblumen. Auf ihrem letzten Weg wollten wir uns erinnern an ihre Freude, ihr Leben, an das, was ihr lieb gewesen war. Das wollten wir ihr zum Abschied schenken. Als ich vor ihrem Grab stand, packte mich erneut diese lähmende Fassungslosigkeit. Mein Hals war wie zugeschnürt, mein Kopf leer. Keine Gedanken, keine Worte.

Als wir bedrückt nach Hause kamen, rannte ich wieder hinauf in

Anjas Zimmer und verkroch mich in ihrem Bett. Lange ließ ich den Tränen freien Lauf, bis keine mehr kamen. Dann atmete ich ganz tief und bewusst ein, um Anjas Geruch in mich aufzunehmen. Ich wollte meine Schwester oder das, was noch von ihr da war, und die Erinnerung an sie um jeden Preis festhalten. Plötzlich hatte ich das Bild vor Augen, wie Anja über das Gerstenfeld in den offenen Himmel hineinläuft. Vor noch gar nicht langer Zeit, an der Ostsee. Ein Bild des Friedens – doch jetzt stand es für eine heile Welt, die ein für alle Mal verloren war. Ob dieser Moment vorausgenommen hatte, was passieren sollte? Ob sie es da schon gewusst hatte? Hatte ich es in diesem Augenblick etwa auch schon gespürt?

Ich holte die Ähre hervor, die Anja mir im Urlaub geschenkt hatte, legte sie in meine hohle Hand und betrachtete sie: ein kleines Stück Halm, dann die Körner mit den kurzen, struppigen Grannen, reif und prall. Wollte Anja, dass ich genau diesen Moment festhalte, den Moment, wie sie fast schwerelos in den Himmel läuft? Diesen Augenblick, in dem ich mich meinem liebenden Gott und seiner Unendlichkeit so nah fühlte, in dem ich so tief verbunden und versöhnt mit dem Leben war? Ich schluckte trocken.

Dann fiel mir die Geburtstagskarte ein, die Anja mir noch vor wenigen Wochen geschrieben hatte. Hastig lief ich in mein Zimmer, kramte sie heraus und schlüpfte wieder unter die Bettdecke bei Anja. Auf die Karte hatte sie geschrieben „Lieber David egal wie sehr es stürmt – bleib am Herz des Vaters!" Jetzt quollen mir wieder Tränen in die Augen. Anja hatte eine so enge Beziehung zu Gott gelebt, sie kannte sein Vaterherz so gut. Hatte sie auch bei diesen Worten schon daran gedacht, dass sie bald nicht mehr bei uns sein würde? Hatte sie mich trösten und ermutigen wollen, trotz dieses unermesslichen Verlustes, an meiner Hoffnung festzuhalten?

Aber wie um alles in der Welt sollte ich jetzt noch an einen guten Gott glauben? An einen liebenden Gott, der tröstet? Wie sollte er mich denn trösten, hatte er es doch schließlich zugelassen, dass Anja starb! Dafür, dass sie tot war, gab es keinen Trost. Niemals. Wo bitte schön war er an diesem 17. August um 21.48 Uhr gewesen? Offensichtlich nicht mit Anja am Bahnhof! Warum hatte er das zugelassen, warum? Das, was in mir tobte, war nicht der Sturm, von dem Anja geschrieben hatte, nein, das war ein ausgewachsener Orkan und es ging über meine Kraft, mich dabei an Gott zu klammern. „Wie kannst du das erwarten, Anja?", fragte ich mit Tränen in den Augen in die Stille des Zimmers hinein.

Verzweifelt griff ich nach Anjas Bibel, die auf dem Nachttisch lag, und öffnete sie. In dem zerlesenen Buch hatte Anja etliche Verse, die ihr wichtig waren, angestrichen, Daten danebengeschrieben oder mit Bleistift Notizen gemacht. Ich blätterte durch die knisternden, pergamentfeinen Seiten, während meine Augen zu den angestrichenen Passagen sprangen. Dabei war es, als würde ich in Anjas Gedanken hineingezogen, in ihren Glauben und ihre Beziehung zu Papa Gott hinein.

Auf einmal fiel mir ein farbenfrohes Lesezeichen entgegen. Darauf stand: „Jetzt ist die Zeit! Sei bereit für Jesus – jederzeit!" Mich durchfuhr es wie ein Blitz: Ja. Ja! Sie muss es gewusst haben, dass sie stirbt! Sie war vorbereitet! Mit pochendem Herzen legte ich die Bibel auf die Bettdecke und folgte meinem Blick, der durch Anjas Zimmer wanderte. Alles hier war mir so vertraut. Die Bilder ihrer Freundinnen, Postkarten mit Sonnenblumen an den Wänden, ihr Schreibtisch, das Bücherregal, die Musikanlage. Dann entdeckte ich, dass an ihrem Kassettenrekorder die Play- und die Pausentaste noch gedrückt waren. Ich löste die Pausentaste, damit die Musik weiterspielte. „Now is the time …", tönte es aus den Boxen. Jetzt ist die Zeit … Mir wurde unheimlich. Das konnte doch kein Zufall sein, dass Anja die Musik genau an dieser Stelle gestoppt hatte!

Solche Begebenheiten häuften sich in der Zeit nach Anjas Beerdigung. Schließlich war in unserer Familie jeder davon überzeugt, dass Gott Anja vorbereitet und sie gewusst hatte, dass sie bald sterben würde. Ja, sie war vorbereitet gewesen. Aber wir anderen waren es nicht. Uns traf ihr Tod wie ein unerwarteter, erbarmungsloser Schlag.

Jeder in unserer Familie hatte seine eigene Art, mit dem Verlust von Anja umzugehen und dem schmerzlichen Abgrund, den ihr Tod in unser Miteinander gerissen hatte. Wir alle scheuten das hässliche, schwarze Loch, das jetzt dort klaffte, wo Anja nicht mehr war. Es herrschte eine Schwere, die alles Leben in unserer Familie lähmte und uns innerlich auffraß. Nichts würde mehr so sein, wie es früher einmal war. Nie mehr würde ich Freude haben können, nie mehr unbeschwert einfach nur leben können. Anjas Fehlen war allgegenwärtig.

Die kommenden Wochen und Monate erfüllte mich eine unendliche Verzweiflung. Ich ließ meinen Emotionen freien Lauf, indem ich viel weinte, meinen Schmerz herausschrie und oft am Grab war. Singen verschaffte mir in dieser Zeit viel Luft. Ein Song von Adonia begleitete mich täglich, geschrieben von einem jungen Mann, der auch einen geliebten Menschen verloren hatte. Dabei brauchte ich nur den Namen auszutauschen und so wurde es mein Trauerlied. In den folgenden Jahren sang ich diesen Song sicher 2000 Mal. Als dann „Ich wollte noch Abschied nehmen" von Xavier Naidoo rauskam, wurde das mein Anja-Lied. Anja und ich waren begeisterte Naidoo-Fans gewesen und hatten seine Songs rauf und runter mitgeschmettert. Ja, wir haben viel miteinander gesungen. Doch nach Anjas Tod war es, als wären auch die gemeinsamen Lieder gestorben. Sie waren wie ausgelöscht aus meinem Gedächtnis. Dafür fand ich andere Stücke, die wie ein Ventil für meinen Schmerz wurden. Beim Singen fühlte ich mich leichter und spürte die heilsame und tröstende Wirkung der Musik. Sie gab mir die Möglichkeit, mich ein wenig mit Anja verbunden zu fühlen.

Lange flehte ich Gott an, mir einen Traum zu schenken, in dem Anja zu mir kommt, um mit mir noch einmal ein Lied zu singen.

Aber sie kam nicht wieder.

5

GOTT, DU MUSST GEHEN!

Selbst nach Wochen war der Schmerz um Anja kein bisschen erträglicher geworden und raubte mir fast den Verstand. Es stimmt einfach nicht, dass die Zeit Wunden heilt. Manchmal war ich wie betäubt, bekam nichts um mich herum mit. Wenn ich es im Haus nicht mehr aushielt und rausging in die Natur, kam mir alles grau und dumpf vor. Ich bemerkte das Grün der Bäume nicht, sah keine blühenden Blumen, hörte kein Vogelgezwitscher – einfach nichts drang zu mir durch.

Immer wieder schlug die Trauer um in matte Wut: Warum musste das passieren? Warum hat Gott das zugelassen? Das unerbittliche Warum keilte sich mit Widerhaken in meinem Inneren fest und riss an mir, zerfleischte Stück um Stück mein Herz. Die ständig kreisenden Gedanken, das Hadern mit Gott, der Anja und uns angeblich liebte, konnte ich irgendwann nicht länger aushalten. An einem tristen Septemberabend traf ich dann die Entscheidung.

Schon den ganzen Tag hatte es wie aus Kübeln gegossen. Ich war, wie schon in den letzten Wochen, nicht zur Schule gegangen und hatte nur gegrübelt, geweint, gegrollt. Auch den Anblick meiner zermürbten Eltern konnte ich kaum noch ertragen. Warum tat Gott uns das alles an?

Wütend setzte ich mir die Kopfhörer meines Discmans auf, drehte die aggressive Musik von Linkin Park voll auf und knallte die Haustür hinter mir zu. Wie in Trance stapfte ich mit gesenktem Kopf, der Dröhnung auf meinen Ohren und der tief ins Gesicht gezogenen Kapuze in Richtung Wald. Ich fühlte mich wie in einem Musikclip, wenn jemand kurz davor ist durchzudrehen – so unwirklich und dabei komplett gleichgültig. Nach wenigen Minuten war ich bis auf die Knochen nass.

Meine Tränen vermischten sich mit den Regentropfen, die mir übers Gesicht liefen. Als ob der Himmel mit mir weinte. Von wegen! Gott hatte es doch zugelassen! Wie konnte ich ihm noch vertrauen? Hieß es nicht, er sei gut? Er würde uns beschützen? Er würde die Menschen segnen, die ihn lieben? Und jetzt ließ er Anja sterben und riss ihren Liebsten das Herz aus der Brust! Warum? Warum musste das passieren? Warum Anja? Warum, Gott, warum?

Inzwischen hatte ich den Laubwald erreicht und lief den vom Regen aufgeschwemmten, matschigen Weg entlang, der jetzt eine lange ansteigende Biegung machte. In meinem Kopf wiederholte sich wie in einer Dauerschleife nur ein einziger Satz: Ich will das alles nicht glauben. Nein! Ich will das nicht mehr glauben!

Kurze Zeit später kam ich auf eine grasbewachsene Lichtung. Da stand ich, klitschnass. Bebend vor Zorn hob ich die Hände zum Himmel und schrie aus ganzer Seele in das dumpfe Regengrau hinein: „Gott, du musst gehen! Du bist nicht dieser gute Gott, von dem ich mein Leben lang gehört habe! Du musst jetzt gehen! Geh aus meinem Leben!" Gleichgültig verschluckten der gießende Regen und die grauen Wolken meine wütende Stimme.

Die darauffolgenden Tage war ich extrem erschöpft, aber irgendwie auch erleichtert. Jetzt musste ich nicht mehr einen angeblich guten Gott mit Anjas Tod zusammenbringen. Oder etwa glauben, dass alles einen Sinn hatte und Gott es am Ende gut meinte. Denn das konnte ich nicht.

In mir schrie und schmerzte nur diese eine Wahrheit: Anja fehlte mir. Sie fehlte mir unendlich. Für diesen Verlust gab es keine Worte und auch keine Erklärung. In mir setzte sich die Überzeugung fest, dass der Unfall so nicht passiert sein konnte, wie man es uns erzählt hatte. Eine irrationale Hoffnung flammte in mir auf, dass doch vielleicht alles ganz anders gewesen war. Dass etwas an diesem Unfall nicht stimmte, der Anja das Leben gekostet hatte. Bald war ich wie besessen davon, alles nachzuprüfen und zu beweisen, dass es sich nicht so abgespielt haben konnte. Immer wieder fuhr ich zu dem Bahnhof, an dem der Unfall passiert war. Dort wartete ich auf die einfahrende S-Bahn und den folgenden Schnellzug. Letztlich half es nichts. Nicht mir und nicht der Situation – es änderte nichts an der furchtbaren Tatsache, dass Anja tot war. Keine noch so wilde Spekulation hätte sie wieder zurück ins Leben bringen können.

Doch ich vermisste Anja so sehr, dass ich nicht wusste, wie ich weiterleben sollte. Einfach alles hatte sich unwiederbringlich verändert und jede Begegnung – in der Familie, mit Freunden, in der Verwandtschaft – trug diese schmerzliche Erinnerung in sich, dass es nicht mehr war wie vorher.

Etwas Dunkles begann sich auf meine Seele zu legen, das sich immer weiter ausbreitete. Da beschloss ich für mich: Ab jetzt kann ich keine Freude mehr im Leben haben. Ohne Anja ist alles sinnlos. Jedes Lachen, jedes Fröhlichsein schien mir wie ein Betrug an meiner Schwester. Lange triste Jahre hielt ich an meinem Beschluss fest. Durch Anjas Tod war ich ein anderer geworden.

Zahllose Stunden verbrachte ich an ihrem Grab. Es gab mir das Gefühl, ihr nah zu sein. Wenn ich den Friedhof betrat, ließ ich den Seerosenteich unbeachtet rechts liegen und bog nach links ab. Bis heute erstreckt sich über die Hälfte des Friedhofgeländes eine lange Mauer mit Windungen wie eine kunstvolle Steinschnecke, an der die Namen von Verstorbenen angebracht sind, deren Urnen dort begraben liegen. Auch Anja hatten wir an der Schnecke beerdigt, doch irgendwann spürten wir, dass wir zum Trauern ein richtiges Grab brauchten, und ließen sie umbetten.

Ich ging also an der Schnecke vorbei bis fast ganz hinten an die Friedhofsmauer. Dort bog ich rechts in den Schotterweg ein, in die zweite Reihe der Gräber bis zu Anja. Sie hatte ein kleines Urnengrab, wie alle hier auf diesem Friedhof, nicht einmal einen Quadratmeter groß. Auf jeder Seite hatten wir es mit kleinen Buchsbaumhecken bepflanzt. Anja hatte immer eine riesige Freude daran gehabt, den Buchsbaum in unserem Garten zu frisieren, manchmal so leidenschaftlich, dass er am Ende ganz kahl war. Hier sollte sie ihre geliebten Buchsbaumhecken weiterhin haben.

Den „Grabstein" hatten Mario und Papa zusammen für Anja entworfen und umsetzen lassen. Es ist ein Kunstwerk aus Metall: Auf der linken Seite bildet es einen halben Rahmen, der verrostet ist und stumpf. In der Mitte geht der rostige Teil in ein glänzendes schönes Kreuz über. Es symbolisiert den Übergang vom alten Leben in das neue bei Gott. Dass Anja jetzt an einem besseren Ort ist. Im Vergleich zu Gottes Herrlichkeit ist das Dasein auf dieser Erde wie zersetztes Metall. Eine blaue Karte, in Plexiglas eingefasst, wird von diesem Rost und dem glänzenden Kreuz eingerahmt. Darauf leuchtet eine gelbe, wunderschöne Sonnenblume. Neben der Blüte ist Anjas schwungvolle Unterschrift zu sehen, ein Foto von ihr und zwei Jahreszahlen: 1984–2000. Darüber stehen die Bibelverse 16 und 17 aus dem Johannesevangelium, Kapitel 3: „Gott liebte die Menschen so sehr, dass er seinen einzigen Sohn hergab. Nun werden alle, die sich auf den Sohn Gottes verlassen, nicht zugrunde gehen, sondern ewig leben."

Als ich das las, stockte ich. Liebte Gott die Menschen wirklich so sehr? Ich hatte aufgehört, das zu glauben. Traurig wanderten meine Augen über die Blumen und die Andenken aus Stein oder Porzellan, die Schulkameraden, Freundinnen und Mama für Anja auf das Grab gestellt hatten. Mein Blick blieb an ihrem Foto hängen. Als ich ihr lebensfrohes Lachen sah, verkrampfte sich mein Magen. Tränen schossen mir in die Augen. Ich konnte das aufsteigende Schluchzen nicht unterdrücken. Mit erstickter Stimme begann ich mit meiner Schwester zu reden: „Wo bist du jetzt, Anja? Ich vermisse dich. Du fehlst mir so schrecklich! Ich kann mir nicht vorstellen, wie ich ohne dich weiterleben soll!" Dann erzählte ich ihr, was ich erlebte und wie schwer es für uns als Familie war.

Liebte Gott die Menschen wirklich so sehr? Ich hatte aufgehört, das zu glauben.

Neben dem Friedhofsweg stand eine einfache Holzbank. Dorthin setzte ich mich und verbrachte unendlich viel Zeit mit Blick auf Anjas Grab. Stundenlang sang ich Lieder, machte meine Hausaufgaben und übernachtete manchmal sogar hier. Ich wollte so nah wie möglich bei Anja sein. Bei der Erinnerung, die mir noch von ihr geblieben war.

Wenn ich auf der Friedhofsbank saß, kam oft ein kleines Eichhörnchen vorbeigehuscht. Erst schaute es scheu, dann rannte es, seinen riesigen Puschelschwanz hinter sich herschweifend, über den Weg und kletterte schnell eine der drei hohen, schlanken Eichen hinauf. Doch schon bald hatte sich das Tier an mich gewöhnt und wir wurden Vertraute. Wir beide waren Teil dieses Friedhofs. Es lebte hier sein Eichhörnchenleben, suchte Nahrung und hüpfte unbeschwert über die Wiese. Ohne jedes Bewusstsein, dass hier ein Ort der Trauer und des Verlusts war. Es erinnerte mich schmerzlich an eine Lebensfreude, die ich verloren hatte. Nicht nur Anjas Leben war uns genommen worden. Ich trauerte auch um mein Leben, das ohne Anja zur Hölle geworden war. Immer und immer wieder sagte ich: „Ab jetzt kann ich keine Freude mehr im Leben haben. Meine Kindheit ist abgeschlossen!"

Und so war es auch.

Über Nacht war unsere Familie zu einem Ort geworden, an dem ich nicht mehr gerne war. Zu viel bedrückender Schmerz lag in der Luft. In jeder Ecke, jedem Knarzen der Dielen, jedem Türgeräusch verbarg sich eine Erinnerung an meine geliebte Schwester. Ständig sahen wir Anja, wie sie lachend die Treppe herunterkam oder in ihrem Zimmer saß. Natürlich war sie nicht mehr da, aber wir „sahen" sie aus alltäglicher Gewohnheit. Das machte alles nur noch schlimmer.

Eines Abends waren wir in einem Restaurant essen und kamen mit der Servierkraft ins Gespräch, die meine Eltern kannten. Sie war Christin. Als sie von unserer Situation hörte, bot sie an, einen Häusertausch mit uns zu machen. Sie und ihre Kinder wohnten ebenfalls in Wilen nicht weit weg von uns, in einem Einfamilienhaus. Tatsächlich zogen wir im Dezember, drei Monate nach Anjas Tod, dort ein. Zu unserem Haus vorher war es auf jeden Fall ein Upgrade: ein frei stehendes, hellblau gestrichenes Gebäude mit dunklen Dachziegeln und einem großen Garten, wunderschön am

Hang gelegen, mit Blick auf Wilen. Und es gab sogar einen Pool im Garten! Wie es sich für einen richtigen Pool gehört, strichen wir das Becken hellblau an und malten eine weiße Blume auf den Grund – für Anja.

Der Umzug bot eine willkommene Veränderung für uns alle. Das neue Zuhause war so ein schöner Ort und vor allem frei von schmerzhaften Erinnerungen. Doch in uns drin blieb die Leere ohne Anja, sie war spürbar, auch in diesem Haus. Immer häufiger mied ich meine Familie, weil ich an der Traueratmosphäre fast erstickte. Unser hübsches Familien-Kartenhaus war eingestürzt, weil eine Karte fehlte. Jetzt lag der Rest in einem großen Durcheinander auf dem Boden. Alles musste sich neu sortieren: unsere Beziehungen, unsere Streitkultur, unser Miteinander, unser ganzes Leben. Doch dazu fehlte jede Kraft. Unsere Familie war nicht mehr, was sie einmal gewesen war. Sie würde es nie wieder sein können.

Mit dieser Tatsache wurde ich einfach nicht fertig. Also kehrte ich allem, was mein früheres Leben ausgemacht hatte, den Rücken und stürzte mich mit meinen 13 Jahren in meine Ihr-könnt-mich-alle-mal-Phase, die einige Jahre anhalten sollte. Gott hatte ich wegge-schickt, auf Kirche hatte ich sowieso keinen Bock mehr und zuneh-mend rebellierte ich auch gegen meine Familie.

Manchmal holte mich meine heile Bauernhofidylle ein, meine un-beschwerte Kindheit, die nie hätte enden dürfen. Dann haderte ich mit der Welt: Wären wir nur dort geblieben, dann hätte Anja nie die Lehre in Winterthur angefangen und wäre nie bei diesem Firmen-fest gewesen. Sie wäre noch bei uns!

Einmal saßen wir beim Abendessen zusammen, Mama, Papa, Mario und ich, alle total deprimiert. Ich sah die leeren Augen von Mama – Mama, die Kämpferin, die immer eine fröhliche, positive Frau gewesen war, die viele mit ihrer Freude angesteckt hatte! Mein Blick ging zu Papa. Er hockte gebückt am Tisch, als würden ihn die Zementsäcke niederdrücken, die Nonno immer getragen hatte. Mario saß mir gegenüber, kaute lustlos sein Essen und rutschte unruhig auf dem Stuhl herum, als würde er es keine Sekunde länger aushalten, hier zu sein. Ich bebte – und von einem Moment auf den anderen platzte ich. Voller Zorn packte ich meine Gabel, rammte sie in den Holztisch und schrie: „Für welchen Scheiß haben wir das gemacht? Warum sind wir weggezogen vom Bauernhof? Ich finde das so scheiße!"

Alle schwiegen betreten. Tränen füllten die Augen.

Ich sprang auf, rannte raus, holte meine Jacke und mein Skateboard und lief zu Sebastian. Mit ihm skatete ich um die Häuser, rockte den Asphalt und ließ mir den kalten Wind um die Ohren blasen, bis ich mich genug abgelenkt hatte. Sebastian war ein echter Freund, wie man ihn braucht, wenn alle anderen anfangen zu nerven. Wenn wir nicht skateten, zogen wir uns Schweizer Hip-Hop rein oder maßen beim Basketball unsere Kräfte. Was uns außerdem zusammenschweißte, war, dass wir beide keinen Fußball leiden konnten. Damit waren wir ziemlich allein in Wilen.

Sebastians herzliche Familie nahm mich sogar einmal mit in den Urlaub. Seine Mutter kommt aus Finnland und so verbrachten wir herrliche Ferien in ihrem finnischen Sommerhaus. Ein Häuschen in der puren Einsamkeit: mitten im Wald an einem See, ohne Nachbarn weit und breit, voller wohltuender Stille und faszinierend heller Nordnächte. Wenn ich nachts in meinem Bett lag und auf die beschienene Holzwand blickte, die würzige Waldluft einatmete und der Stille lauschte, durchströmte mich ein tiefer Frieden. Ich fühlte mich ganz leicht. Alle niederdrückenden Erinnerungen, all die zentnerschweren Gewichte an meiner Seele fielen von mir ab. Zum ersten Mal seit Anjas Tod kam ich wirklich innerlich zur Ruhe. Dieses Stückchen Erde klang wie ein Echo der heiligen Orte meiner verlorenen Kindheit.

Doch mit der Abreise war auch dieser Frieden wieder weg. In mir zurück blieb die Sehnsucht danach. All die kommenden Jahre war sie unstillbar und immer da.

Bald hatte auch die Zeit in Wilen ein Ende. Die Häuser wurden zurückgetauscht, unseres weitervermietet und Mama fand eine neue Bleibe für uns. So zogen wir nach zwei Jahren Wilen bei Wil nach Kirchberg im Kanton Sankt Gallen. Kirchberg liegt nicht weit entfernt von Wilen, knapp zehn Kilometer. Doch es war weit genug, um die Schule zu wechseln und einmal mehr neue Freunde zu suchen.

Kirchberg ist ein echt schöner, ruhiger Ort, mit viel Natur, typisch schweizerischer Architektur – kunstvoll geschnitzten Holzhäusern mit Blumenkästen – und einem gemütlichen Ortskern. Wir mieteten ein Haus, in dem unten eine Physiotherapiepraxis drin war, und bewohnten die beiden oberen Stockwerke. Hinter dem Gebäude lag ein riesiger Garten. In diesem Dorf machte ich die letzten beiden Jahre der Oberstufe.

Inzwischen war ich 15 und Aussehen und cooler Style wurden immer wichtiger. Klar fand ich Skatersachen super. Schon in Wil, der etwas größeren Stadt neben Wilen, war ich in der Surfer- und Skaterszene gewesen, stöberte stundenlang in einem Shop, wo es tolle Surfermode gab. Immer wieder sparte ich mir etwas zusammen für die angesagten Klamotten, die ich tragen wollte. In Wil hatte es zwei coole „Styler" gegeben. Wie sie wollte ich sein! Ich hatte diese lässigen Typen genau beobachtet und ahmte sie nach – ihre langen Haare, ihren Gang, die Accessoires und vor allem ihren Kleiderstil. Nach und nach hatte ich so meinen eigenen Style gefunden. Also war ich in Kirchberg in der Schule erst mal der coole Neue, der „Styler", den viele interessant fanden.

Doch das wandelte sich schnell. Irgendwie schaffte ich es nicht dazuzugehören und war viel allein. Wahrscheinlich spürten die anderen, dass ich eine Menge mit mir herumschleppte, und konnten mit meiner einzelgängerischen, nachdenklichen Art nicht viel anfangen. Die Kids auf dem Schulhof ärgerten und mobbten mich, stellten mir ein Bein, spuckten vor mir auf den Boden. Es war echt schwer manchmal.

Meine Familie war mittlerweile wieder auf fünf Mitglieder angewachsen: durch Sylvie, die schwarze Cockerspanieldame. Noch in Wilen hatten mein Bruder und ich uns einen Hund gewünscht; intuitiv spürten wir wohl, dass uns so ein treues Tier guttun würde in unserer Trauerverarbeitung. Eine befreundete Familie schenkte uns schließlich Sylvie, die hier in Kirchberg meine enge Vertraute wurde. Mit ihr spazierte ich stundenlang über die Felder, die gleich hinter unserem Haus anfingen. Sylvie hatte eine herrlich unbeschwerte Art. Die Spaziergänge, zu denen sie uns täglich mit wedelndem Schwanz und liebenswürdigen Hundeaugen aufforderte, brachten neues Leben ins Haus. Im Nachhinein sprachen wir von Sylvie immer nur als unserem Familientherapiehund.

Nach einem halben Jahr in Kirchberg kam ich mit meiner ersten Freundin Prisca zusammen. Dadurch fand ich auch immer mehr Anschluss im Ort und einen neuen Freundeskreis. Äußerlich gesehen nahm mein Leben also wieder seinen normalen Lauf. Doch in mir drin hörten die Trauer und das Dunkel nicht auf, mich weiter zu zerfressen. Ich erzählte niemandem davon. Nicht einmal Prisca wusste, wie finster es wirklich in mir war.

Jedes Jahr am 17. August, dem Datum, das meine Welt in ein Vorher und Nachher zerteilte, zog es mich zum Unglücksort. Im Blumenladen um die Ecke vom Bahnhof in Wil kaufte ich einen großen Strauß roter Rosen und stieg in die S-Bahn. Während der Fahrt blickte ich aus dem Fenster auf die sommerlichen Felder in der Abendsonne, aber auch sie konnte mein dumpfes Inneres nicht aufhellen. Je näher ich meinem Ziel kam, desto heftiger krampfte sich mein Magen zusammen und meine Augen brannten. Als der Zug schließlich mit lautem Quietschen am Unfallort hielt, stieg ich langsam aus und lief den Bahnsteig entlang.

Dieser Bahnhof war so was von unscheinbar und unbedeutend. Zwei Gleise, ein Bahnhofshäuschen, ein verrosteter Fahrradunterstand, ein paar Bänke. Mit meinen Rosen in der Hand ging ich bis ans Ende des Bahnsteigs, wo er abfällt und in einen staubigen Boden mit struppigen Gräsern und niedrigen, borstigen Büschen übergeht. Hier wartete ich, während meine Gedanken nur um einen einzigen Fixpunkt kreisten: den Schnellzug um zehn vor zehn, der Anjas Leben fortgerissen hatte.

Ich male mir die Szene vor Augen: Anjas letzte Momente auf

dieser Erde. Ist sie glücklich? Jedenfalls ist sie frisch verliebt. Wenige Wochen vorher nimmt sie in Toggenburg an einem Camp von der Gemeinde teil. Dabei lernt sie Michi kennen und es ist die große erste Liebe. Ja, sie ist glücklich. Nachts kommt sie mit Bauchschmerzen zu Mama. Diese beruhigt sie: Das sind die Schmetterlinge im Bauch. Wenig später fängt Anjas Kaufmannslehre an, auf die sie sich so gefreut hat. Es ist der vierte Tag ihrer Ausbildung, an dem die Betriebsfeier stattfindet. Alles ist neu, aber auf dem Fest schließt sie bestimmt sofort viele Freundschaften. Dann nimmt eine Kollegin sie mit zum nächsten Bahnhof. Eine warme Sommernacht. Es dämmert. Die S-Bahn nach Wil, wo Mama auf sie wartet, fährt ein. Mit den anderen Passagieren geht Anja über das Gleis, um einzusteigen. Sie ist die Letzte. Dann dieses verdammte Versehen, dass an diesem Tag der Schnellzug früher als sonst durchfährt. Er rast aus der unübersichtlichen Kurve heran. Ich schaue auf die Uhr. Es ist bald zehn vor zehn, selbe Zeit, selber Ort. Ein Schauer läuft mir über den Rücken. Die S-Bahn fährt auf dem gegenüberliegenden Gleis ein, Bremsen kreischen, Türen öffnen, Lautsprecheransage, Türen schließen, die Bahn rollt wieder los. Punkt zehn vor zehn höre ich den Schnellzug heranrasen, hinter der scharfen Kurve sieht man zuerst die Lichter. Ich trete von den Büschen nach vorne und auf die Gleise zu. Meine Knie zittern. Ein Film voller Tod und beängstigender Zerrbilder läuft vor mir ab. Im letzten Moment werfe ich den Strauß Rosen auf das Gleis. Der Zug erfasst die Blumen und reißt sie mit sich fort. Der heftige Luftzug knallt mir gegen den Körper und mir schwirren die Ohren. Benommen taumele ich zurück.

Jahr um Jahr an Anjas Todestag habe ich mir diese Szene am Unfallbahnhof reingezogen, den Abgrund der schrecklichen Bilder heraufbeschworen. Im dritten Jahr, keine vier Wochen nach meinem 16. Geburtstag, hatte ich gerade mit meiner Kaufmannslehre angefangen. Genau wie damals Anja. Aber es fühlte sich an wie Verrat. Ich konnte nicht einfach mein Leben weiterleben ohne sie. Ohne meine große Schwester wollte ich nicht all die Dinge erleben, die wir hätten teilen sollen. Ihr hätte ich als Erstes erzählen wollen von meinen neuen Chefs, den Kollegen und Lehrern in der Berufsschule. Aber ich konnte nicht und das zerriss mich.

Statt abzuflauen, hatte sich der Verlustschmerz in den letzten Jahren immer tiefer in mich hineingefressen und meine Lebensfreude ausgehöhlt. Jedes Erlebnis ohne Anja war ein Widerhaken mehr in meiner Seele. Es wurde immer schlimmer. Und irgendwann spürte ich: Ich wollte nicht mehr. Nicht mehr so weitermachen. Ich wollte Schluss machen, das war das einzig wirklich Richtige. Schluss mit allem, auch mit mir selbst. Warum sollte ich noch leben, warum älter werden als Anja? Es hatte doch alles keinen Sinn mehr.

So fuhr ich an Anjas drittem Todestag wieder zum Unfallbahnhof. Diesmal ohne Rosen. Wie sonst lief ich ans Ende des Bahnsteigs zu den Büschen. Dort, vom Bahnsteig nicht sichtbar, wartete ich bis zehn vor zehn und malte mir Anjas letzte Momente aus. Nicht lange nachdem die S-Bahn abgefahren war, hörte ich ganz leise den Schnellzug aus der Ferne. Die Lichter blitzten schon schwach in der Kurve auf. Bebend, aber fest entschlossen, stand ich da, mein Herz pochte mir bis zum Hals. Dann rannte ich blind auf die Gleise. Eine wahnsinnige Angst schoss durch meinen Körper und Bilder meines Lebens rasten an mir vorüber, während die Zugspitze immer näher kam. Doch kurz bevor ich mit dem Zug zusammenprallen konnte, erfasste mich eine starke Kraft an der rechten Schulter und schleuderte mich nach links weg. Der Zug rauschte nur knapp an mir vorüber und sein starker Windzug peitschte über meinen Körper hinweg.

Benommen lag ich im staubigen Boden neben den Gleisen. Lebte ich noch? Alles war so schnell gegangen. Jede Energie war aus meinen Muskeln verschwunden, ich zitterte. Warum hatte mich der Zug nicht erfasst? Was hatte mich weggezogen? Ungläubig sah ich mich um. Hier und auch auf dem Bahnsteig war niemand außer mir.

Ob es ein Engel gewesen war, der mich im letzten Moment zurückgehalten hatte?, schoss es mir durch den Kopf. Ein Mitarbeiter von dem Gott, an den ich schon lange nicht mehr glaubte? Was hatte der sich hier einzumischen? Jetzt ließ er nicht einmal zu, dass ich auch sterbe? Was sollte das?! Verdammte er mich dazu, weiter in diesem Schmerz zu leben?

In diesem Moment hörte ich jemanden sagen: „Steh auf! Du musst etwas ändern."

In diesem Moment hörte ich jemanden sagen: „Steh auf! Du musst etwas ändern." Erschrocken blickte ich mich um. Wer war das? Hier war niemand weit und breit. Sprach da Gott zu mir? Oder war es der Engel? Auch wenn ich nicht wusste, woher sie kam – in dieser Stimme lag so eine Klarheit und Autorität, dass ich ihr unmöglich widersprechen konnte.

Sofort strömte neue Kraft durch meinen Körper und ich rappelte mich auf. Tief in mir wusste ich, dass es wahr war, was die Stimme zu mir sagte: Ich musste etwas an meinem Leben und dieser Todessehnsucht ändern. Die Entscheidung dazu lag bei mir! Aber so viel stand immer noch fest: Auf keinen Fall wollte ich zurück zu diesem Gott, der mir das Liebste genommen hatte. No way! Dass Gott nach all dem, was passiert war, ein guter Gott sein sollte? Nein, damit war ich durch! Aber aufstehen wollte ich. Und etwas ändern.

Also nahm ich die nächste S-Bahn zurück nach Hause und traf eine Entscheidung: Ich wollte weiterleben. Auch für Anja.

In der folgenden Zeit suchte ich nach Leben. Überall, nur nicht bei Gott. Mein Herz sehnte sich nach Frieden und Ruhe – wie in meiner Kindheit oder dem Sommer in Finnland. Doch die Trauer und Unruhe in meinem Herzen waren nicht einfach wegzuwischen – sie blieben. Also rannte ich ihnen davon und stürmte blind in meine wilden Jahre hinein. Klar, Pubertät und Rebellion, es war das volle Programm. In dieser Zeit habe ich viel mit meinen Eltern gestritten und ihnen böse Dinge an den Kopf geworfen. Dabei wünschte ich mir jedes Mal nichts sehnlicher, als dass Anja da wäre, um zu vermitteln – wie sie es immer getan hatte.

Meine Freundin Prisca half mir enorm, das Leben ohne Anja auszuhalten und ohne die Stabilität, die mir meine Familie und der Glaube an Gott früher gegeben hatten. Prisca war da für mich und gab mir Halt. Stundenlang spazierten wir zusammen mit Sylvie durch das nächtliche Kirchberg und konnten über alles reden. Vieles von dem, was ich mit Anja verloren hatte, fand ich in ihr wieder: ein einfühlsames Gegenüber, verständnisvollen Rat, geduldiges Zuhören. Auch von ihrer Art war sie Anja ähnlich.

Allmählich bekam meine Seele wieder Luft und die klaffenden Wunden heilten ein wenig zu. Priscas wunderbare Familie wurde zu meinem Zufluchtsort, wie ein zweites Elternhaus. Sie nahmen mich wirklich wie einen Sohn auf. Röbi, Priscas Vater, war der Hausmeister meiner Schule. Dadurch hatte ich einen Bonus, wenn ich im Unterricht Blödsinn gemacht hatte und zum Saubermachen auf dem Schulhof verdonnert wurde. Röbi drückte dann schon Mal ein Auge zu. Priscas Mutter war eine warmherzige, verständnisvolle und sehr gastfreundliche Frau. Und eine geniale Köchin. Absolut glücklich konnte sie mich machen, wenn sie Brätklöße mit Curry und Reis kochte. Mamma mia – ein Fest! Am Sonntagabend hatte die ganze Familie, zu der noch der Bruder Daniel gehörte, ein festes Ritual: das Familienabendessen. Da durfte ich immer dabei sein und war heilfroh, dass ich die bedrückenden Sonntage nicht bei mir zu Hause in der Traueratmosphäre verbringen musste.

Meine Eltern waren tieftraurig darüber, dass ich mich so zurückzog, aber sie sagten nie etwas. Ständig widersetzte ich mich, wenn sie etwas von mir wollten, machte trotzig mein Ding. Mir war bewusst, dass es ihnen nicht recht war, dass ich nächtelang mit meinem Freund Mario um die Häuser zog, auf Konzerte ging, ausgelassen Party machte und samstags mit einem Kater im Bett liegen blieb. Obwohl ich so viel rebellierte und Streit suchte, waren sie immer liebevoll und geduldig mit mir, nie schimpften sie oder zeigten mir groß ihre Enttäuschung. Ihnen stand die Angst, dass die Familie ganz auseinanderfällt, ins Gesicht geschrieben. Doch das konnte und wollte ich nicht auffangen.

Mein Bruder Mario lebte auch noch zu Hause, aber zunehmend existierten wir nur noch nebeneinanderher. Es war, als sei er gar nicht anwesend. Jeder von uns schien sich auf seine Weise abzuschotten. Gerade in der Familie spürten wir Anjas Verlust so stark, dass wir lieber dichtmachten oder uns mieden.

Diese Distanz, die sich über die Jahre nach Anjas Tod immer stärker aufbaute, brach immer in einer bestimmten Situation auf: wenn wir sonntagmorgens oder am Jahrestag alle vier zum Friedhof fuhren. Dort stellten wir das Auto ab und liefen schweigend zu Anjas Ruhestätte. Jeder trat einzeln vor das Grab. Zuerst ging Mario hin und weinte. Danach ich, tränenüberströmt und schluchzend. Dann stand meine Mutter dort, völlig aufgelöst. Oft hatte sie etwas mitgebracht, das sie für Anja hinstellte, und redete mit ihr. Schließlich mein Vater, der still trauerte und sich dann bückte, um die Blumen schön herzurichten oder heruntergefallene Blätter vom Grab zu nehmen. Wir alle weinten. Oft legte ich mich auf meine Bank und schluchzte. Einmal kam Mario zu mir – mein großer Bruder, dem ich in den letzten Jahren so fremd geworden war. Er umarmte mich lange, setzte sich neben mich auf die Bank und legte tröstend seinen Arm um meine Schulter. Keine Worte. Aber eine unendlich verbindende, wohltuende Nähe. Als wir uns von Anja verabschiedeten, liefen Mario und ich jeder für sich zum Auto zurück. Kaum waren wir wieder zu Hause, war schlagartig alles wie vorher: Die Mauer zwischen uns war zurück.

Ganz schlimm waren die Festtage ohne Anja. Weihnachten wurde jedes Jahr zu einer unerträglichen Qual, auch viele Jahre nach Anjas Tod. Der Christbaum war geschmückt, die schön eingepackten Geschenke lagen da, Kerzen brannten. Doch statt einer feierlichen Stimmung steckte jedem von uns ein riesiger Kloß in der Kehle. Am Tisch beim Essen wünschten wir uns knapp: „Ä guata!", und jeder starrte mit glasigen Augen auf seinen Teller und versuchte den Kloß herunterzuwürgen. Anja fehlte hier am Tisch und das tat scheußlich weh. Keiner sagte etwas. Jeder tat alles dafür, nicht mit dem Weinen anzufangen.

Nach dem Essen sprangen wir schnell von den Stühlen auf, holten die Geschenke unterm Baum hervor und verteilten sie. Wenige Minuten später verschwand Mario nach oben in sein Zimmer und das Familienfest war beendet. Das blieb sieben Jahre lang so. Manchmal flogen wir zu Oma nach Mallorca, die inzwischen verwitwet war, und feierten mit ihr zusammen. Einmal an Heiligabend, als Mario nicht mehr zu Hause wohnte, tauchte er überhaupt nicht bei uns auf, obwohl wir verabredet hatten, dass er kommen würde. Aber er kam nicht. Er konnte die Atmosphäre an Weihnachten einfach nicht aushalten. In diesen Jahren hatte ich oft das Gefühl, dass ich nicht nur Anja verloren hatte, sondern auch meinen Bruder. Unsere enge Beziehung gab es plötzlich nicht mehr, da lagen Welten zwischen uns.

> In diesen Jahren hatte ich
> oft das Gefühl, dass ich nicht nur
> Anja verloren hatte,
> sondern auch meinen Bruder.

Im achten Jahr zu Weihnachten, als wir wieder zu viert feierten, sollte Schluss damit sein. Ohne dass ich es mir vorgenommen hatte, sagte ich unvermittelt in die drückende Stille des Weihnachtsabends hinein: „Jetzt ist es Zeit, dass wir alle zusammen aufstehen und wieder Freude in unser Leben kommt." Meine Worte lösten einen Dammbruch aus, die aufgestauten Tränen der letzten Jahre flossen, wir schluchzten und weinten – dieses Mal gemeinsam – und hielten uns im Arm. Es tat so gut, zusammen zu trauern. Von nun an kehrte Stück für Stück das Leben in unsere Familie zurück, das Kartenhaus ruckelte sich zögerlich in eine neue

Konstellation. Wir begannen auch wieder das Gute wahrzunehmen. Im darauffolgenden Jahr an Weihnachten machten wir dann eine Runde, in der jeder erzählte, wofür er dankbar war. Staunend bemerkten wir, dass einiges zusammenkam. Glücklich sagte ich: „Ich habe endlich wieder einen Bruder. Ich bin kein Einzelkind mehr!"

Mein Geburtstag ist allerdings bis heute ein schwieriger Tag. Früher war ich immer so glücklich gewesen, diesen Ehrentag mit Anja zusammen zu feiern. Heute vermischt sich das Fest, an dem mir so viele zu meinem Leben gratulieren, immer mit ihrem Tod. Es fühlt sich nicht mehr nach Feiern an.

Mein erster Geburtstag nach Anjas Tod war furchtbar gewesen. Die Glocke, mit der meine Eltern immer geklingelt hatten, wenn Anja und ich in die Stube hereinkommen durften, wollte ich nie wieder im Leben hören. Zornig nahm ich sie und stapfte zum Mülleimer, wo ich sie hineinfeuerte und für immer verabschiedete. Aufgewühlt ging ich ins Wohnzimmer zu Mario und meinen Eltern. Sie standen um den gedeckten Frühstückstisch herum und wollten gerade anfangen zu singen, als ich wütend schrie: „Ihr sollt nichts singen! Kein Happy Birthday und auch nichts anderes! Ich will das nicht!" Einen Augenblick später brachen alle in Tränen aus. Schluchzend rannte ich nach oben in mein Zimmer, knallte die Tür zu und weigerte mich, wieder runterzukommen. Was bitte schön gab es zu feiern? Die Erinnerung, dass Anja nicht mehr da war und ein Geburtstag ohne sie kein Geburtstag mehr für mich sein konnte?

So ging es Jahr für Jahr. Immer wieder weinten wir. Mein Geburtstag wurde zum Trauertag und bis heute feiere ich ihn nicht gern. Normalerweise begehe ich ihn wie einen ganz normalen Tag und bin dankbar für die lieben Menschen in meinem Umfeld, die mir diese 24 Stunden besonders schön gestalten. Aber nie mehr wird es der gemeinsame Freudentag mit Anja sein können wie früher.

Doch mein Leben ging irgendwie weiter. Tatsächlich machte ich die Kaufmannslehre, die auch Anja hatte machen wollen. Auch sonst fand ich mich häufig in Situationen wieder, in denen ich völlig unbewusst in Anjas Fußstapfen trat, indem ich vermittelte oder Menschen Raum gab und zuhörte.

Doch nicht lange danach witterte ich ungeahnte Chancen, die mir eine neue, schillernde Identität zu geben versprachen.

WHO AM I?

Das hatte gesessen. Unter meiner coolen Skater-Cap versuchte ich mein angeschossenes Ego zu verbergen. Wie bitte, ich sollte die Klasse wiederholen? Mit furchtbar erwachsenen Sorgenfalten stand der Schulleiter der Berufsschule vor mir. „Ja, David, am besten machen Sie das Jahr noch einmal. Ihre Noten sind einfach zu knapp." „Nee, Herr Direktor, die Zeit habe ich nicht, das Leben geht weiter!", gab ich salopp zurück und verabschiedete mich eilig. Kopfschüttelnd schaute er mir nach, wie ich scheinbar unbehelligt über den gebohnerten Gang davonschlenderte.

Doch in mir rumorte es. Dass er daran zweifelte, ob ich es überhaupt schaffen würde! Zugegeben, ich war ein fauler Schüler, mit wenig Sinn für trockene Theorie, einer, der sich die meiste Zeit irgendwie durch die Prüfungen wurschtelte. Aber eine Ehrenrunde? Mamma mia, das wäre der Oberhorror! Es ging bereits auf das Ende meiner dreijährigen kaufmännischen Ausbildung zu. Eineinhalb Tage pro Woche verbrachte ich dabei in der langweiligen Berufsschule, die ich eher für Zeitverschwendung hielt. Den Rest der Woche arbeitete ich als Lehrling in einem Küchenstudio.

Die Arbeit im Betrieb machte mir riesigen Spaß, weil ich die Freiheit hatte, in jeden Bereich hineinzuschauen. Von der Buchhaltung über die Planung einer Küche inklusive der Auswahl des richtigen Materials bis hin zur Beratung von Kunden, dem Verkauf und der Montage lernte ich alles kennen. Offenbar stellte ich mich dabei ganz geschickt an, deshalb wurde mir schnell Verantwortung übertragen. Wenn gerade niemand anderes da war, durfte ich den Verkauf allein managen. Ich sollte einfach machen und selbst mitdenken – das war genau mein Ding. Learning by doing. Während ich hier viel Praktisches fürs Leben lernte, empfand ich die Schule eher als lästige Unterbrechung. Eine Extraschleife dort wollte ich mir unbedingt sparen.

Dass mir nun der Rektor ins Gesicht sagte, ich würde es nicht schaffen, löste Ehrgeiz in mir aus. Jetzt wollte ich es ihm und all den anderen Lehrern erst recht beweisen! Also gab ich Vollgas. Im Küchenstudio hatte ich irre viele Überstunden angesammelt, die ich nun abbauen konnte. Sechs stramme Wochen lang riss ich mich zusammen und konzentrierte mich nur aufs Lernen. Zum ersten Mal im Leben hatte ich mir einen Lernplan geschrieben und saß jeden Tag von 8 bis 19 Uhr am Schreibtisch – freiwillig. Jeder verzweifelte Lehrer meiner gesamten Schullaufbahn hätte sich verwundert die Augen gerieben und geglaubt, eine Fata Morgana vor sich zu haben. Mit meinem Ziel fest im Blick büffelte ich wie wild.

> **Dass mir der Rektor ins Gesicht sagte,
> ich würde es nicht schaffen,
> löste Ehrgeiz in mir aus.
> Jetzt wollte ich es ihm
> erst recht beweisen!**

Schließlich kam der dreitägige Marathon der schriftlichen Prüfungen. Meinem schlechten Ruf entsprechend, setzten die Lehrer mich wie immer ganz allein auf eine Zweierbank in die Mitte des Hufeisens, in dem die anderen Pulte angeordnet waren. So hatte mich die Aufsicht besser im Blick, damit ich auf gar keinen Fall abschreiben konnte. Natürlich wussten alle, dass ich auf der Kippe stand und nie lernte.

Obwohl ich mich so gut vorbereitet hatte, war ich unglaublich nervös. An meinem exponierten Platz griff ich in meine Mappe und holte eine Handvoll einzelner Traubenzuckerpäckchen hervor, die ich vor mir auf dem Tisch stapelte. Daneben stellte ich eine riesige Wasserflasche aus Plastik. Hibbelig sah ich der Lehrerin zu, wie sie die Prüfungsblätter austeilte. Vor Aufregung pochte der Puls heftig in meinen Schläfen. Ich zückte meinen Kugelschreiber und ließ ungeduldig die Mine mit meinem Daumen klicken. Als das Aufgabenblatt vor mir auf dem Tisch lag, kritzelte ich sofort meinen Namen in die Ecke rechts oben, überflog die Fragen und begann hitzig loszuschreiben. Niemand hätte diesmal einen Spickzettel bei mir finden können, weder an diesem noch an den folgenden Tagen.

Nachdem ich abgegeben hatte, verließ ich das Klassenzimmer mit einem super Gefühl. Ja, die Prüfung war richtig gut gelaufen.

Als alle Prüfungstage überstanden waren, wartete ich ganz kribbelig die kommenden Wochen ab. Zum ersten Mal bedeutete mir ein Klausurergebnis wirklich etwas, hatte ich doch so hart dafür gekämpft. Wer vor der Abschlussfeier nicht per Brief benachrichtigt wurde, dass er durchgefallen war, konnte davon ausgehen, bestanden zu haben. Ich erhielt keine Post.

Dann kam der Tag der feierlichen Diplomübergabe. „Mensch, David, das ist ja toll, dass du trotzdem gekommen bist!", begrüßte mich die halbe Klasse. Anerkennend klopften sie mir auf die Schulter, dass ich so loyal war und mit ihnen feierte. So gut wie niemand hatte Zweifel daran, dass ich durchgefallen war. Schelmisch ließ ich sie in dem Glauben. „Ja, klar doch", grinste ich.

Im festlich hergerichteten Stadtsaal in Wil saß ich ganz vorne und lächelte in mich hinein, während ein Name nach dem anderen aufgerufen wurde. Etwa 400 Leute waren hier im bestuhlten Auditorium versammelt, fast alle Mitschüler meiner Berufsschule, Lehrer, Eltern und Freunde, auch Lehrmeister aus den Betrieben waren gekommen.

Stolz, teilweise unbeholfen in einen Konfirmationsanzug oder ein Kostümchen geschossen, kam jeder Absolvent wie ein Pinguin unter Applaus auf die Bühne und ließ sich dort vom Direktor feierlich das Diplom überreichen. Als das Alphabet sich schon dem Ende zuneigte, tönte die freudige Stimme des Schulleiters durchs Mikrofon: „David Togni!" Ein Raunen ging durch die anwesenden Gäste. Wie bitte?! David hatte bestanden?

Yes, das war mein Moment! Das Geheimnis, dass ich keinen Brief erhalten hatte, hatte ich streng gehütet, um diesen Moment in vollen Zügen auszukosten. Genüsslich langsam stieg ich auf die Bühne und nahm, so cool es mir gelang, mein Zeugnis entgegen. Verstohlen blickte ich auf die Noten: Sie waren sogar richtig gut! Nicht nur im praktischen Teil! Wow!

Strahlend schüttelte der Direktor mir die Hand und aus seinen Augen sprach aufrichtiger Stolz, als er laut und für alle hörbar sagte: „Gratuliere, David! Ich wusste immer, dass Sie es schaffen würden." Da drang schallendes Gelächter auf die Bühne und die Stimme meines besten Kumpels, der rief: „This is my man!" Jetzt begannen auch die anderen zu lachen und im Handumdrehen löste sich die steife, förmliche Stimmung in Feierlaune auf. Nach dem „T" kamen sowieso nicht mehr allzu viele Namen und so gingen wir bald zum Apéro über.

An diesem Abend schlief ich stolz und mit dem festen Wissen ein: Wenn ich etwas wirklich will, kann ich es auch erreichen. Unmerklich trat ich in die Fußstapfen von Nonno und Papa ...

Jetzt war ich frei und mein Leben konnte so richtig losgehen. Wenige Tage nach der Diplomübergabe und damit meiner abgeschlossenen Ausbildung lag in unserem Hausflur ein Paket für mich. Sofort schlug mein Herz höher: Endlich war es so weit! Ungeduldig riss ich den Karton auf, wühlte das Packpapier zur Seite und hielt sie stolz in den Händen: meine Militärstiefel! Schon vor einem Jahr war ich bei der Musterung gewesen und hatte mit dem besten Sporttest geglänzt. Das bedeutete, ich durfte mir aussuchen, wo ich meine Militärausbildung machen wollte. Meine Wahl fiel auf die Panzergrenadiere! Eine der wildesten Einheiten. Das klang nach Abenteuer und dem Beweis zäher Männlichkeit.

Mein weiteres Leben in einem Küchenstudio zu verbringen, hatte ich mir sowieso nicht vorstellen können, höchstens was Eigenes mit

Mode aufzubauen, wie damals meinen Onlineshop. Aber um mir über meinen beruflichen Weg Gedanken zu machen, hatte ich ja noch gut sechs Monate. Für diese Zeit ging es jetzt erst mal zum Militär, mal sehen, was das so mit sich brachte.

In wenigen Wochen also sollte es losgehen und heute hielt ich schon meine blanken, neuen Stiefel in der Hand, die nur darauf warteten, eingelaufen zu werden. Aufgeregt schnürte ich mir die schwarzen Boots, haute mir dröhnenden, aggressiven Hip-Hop auf die Ohren und stürmte aus dem Haus, rauf auf den nächsten Berg. Oben angekommen, rannte ich – mit Adrenalin bis in die Haarspitzen – wieder vom Berg runter, dann wieder rauf, wieder runter, ohne dass ich groß außer Atem kam oder Erschöpfung spürte. Mein Körper strotzte vor Selbstsicherheit und Kraft, ja, ich wollte kämpfen, hart sein und ein Held.

Am ersten Abend auf der Militärschule in Thun rasierten wir uns alle die Haare ab. Reihum waren ich und die drei Rekruten dran, mit denen ich mir die Stube teilte. Während einer sich auf einen Stuhl setzte, nahm ein anderer den kleinen Apparat, an dem man die Haarlänge millimetergenau einstellen konnte, und machte ihn zu einem Soldaten. Als auch meine Mähne ab war, stellte ich mich mit den anderen vor den Spiegel im Waschraum. Vier entschlossene Soldatengesichter schauten uns an. Männlicher Stolz und Ehrgeiz durchfluteten mich. Hier beim Militär konnte ich zeigen, was in mir steckte, und dass ich ein echter Kerl war.

Zwar waren die ersten Wochen hart, doch gerade das spornte mich an. Diesen Härtetest zu bestehen und als Mann etwas zu gelten, gab mir mit meinen 18 Jahren viel. Immer mehr verfestigte sich der Gedanke, vielleicht ganz beim Militär zu bleiben, Berufssoldat zu werden und hier Karriere zu machen. Innerhalb kurzer Zeit wurde dieser Wunsch zu meinem erklärten Ziel und ich war bereit, alles dafür zu geben.

An einem extrem heißen Sommertag mussten wir Rekruten einen heftigen Marsch absolvieren, mit Vollgepäck und Panzerfaust, über 25 Kilogramm auf dem Rücken. Gegen den Widerstand unserer schweißnassen Körper bewältigten wir in der Hitze Kilometer um Kilometer. Achtung! Jetzt hieß es, mit dem Gewicht auf dem Rücken in einen Schützengraben springen und auf dem Boden weiterrobben. Mit zusammengebissenen Zähnen arbeitete ich mich dicht über dem erdigen Untergrund mit meinen Ellbogen voran, immer dem Vordermann hinterher. Plötzlich krachte es und meinen Körper durchfuhr ein wahnsinniger Schmerz. Der Rekrut hinter mir war beim Sprung in den Schützengraben gerade mit voller Wucht auf meinem Rücken gelandet. Mit seinem Vollgepäck beladen rammte er mir mindestens 120 Kilogramm ungebremst ins Kreuz.

Von einer Sekunde auf die andere wurde mir schwarz vor Augen und ich bekam keine Luft mehr. Vor Schmerzen blieb ich wie gelähmt am Boden liegen und hinderte die nachfolgenden Rekruten am Fortkommen. Als mein Ausbilder, ein gefährlich aussehender Mann mit Glasauge, das bemerkte, kam er wutschnaubend herbeigeeilt, schlug mit einem Stock auf meine Beine und schrie verächtlich: „Los! Weiter geht's!" „Ich bekomme keine Luft mehr!", keuchte ich, doch er erwiderte nur: „Jetzt tu nicht so, im Krieg kannst du auch nicht auf deinen Atem schauen. Los jetzt!" und schlug mir noch einmal mit seinem Holzprügel auf den Hintern.

Langsam quälte ich mich hoch und konnte mich nur unter schlimmsten Schmerzen weiterbewegen. Als wir über die letzten Kilometer auch noch ein Wettrennen machen mussten, konnte ich kaum mithalten. Der Glasäugige spottete: „Da ist ja noch deine Schwester schneller als du!" Da explodierte ich. Sollte er mich schikanieren, wie er wollte, aber Anja ließ er da bitte schön raus! Gegen alle Regeln schrie ich aus der rennenden Menge zurück: „Ich geb dir gleich deine Schwester!" „Wer war das?", rief der Leutnant erbost. Ich schwieg und rannte keuchend weiter.

Mit meinem frechen Kommentar hatte ich die unangefochtene Autorität des Ausbilders auf unerhörte Weise infrage gestellt. Das zog Konsequenzen nach sich. Sobald wir das Gelände der Militärschule erreichten, hieß er uns mit herrischem Ton in Reih und Glied aufstellen und rief noch einmal laut: „Wer hat das gesagt? Vortreten!"

Wer sich in so einer Situation freiwillig meldet, ist entweder unerfahren, unterfordert oder kampfeslustig. Voller Wut machte ich einen Schritt nach vorn und rief: „Ich war das!" Der Offizier grinste überlegen. Dann zwang er mich bei 36 Grad Hitze, einen ABC-Schutzanzug überzuziehen, der den ganzen Körper von Kopf bis Fuß verpackt und in dem man natürlich höllisch schwitzt. Damit jagte er mich über den Hof. Hin und her und her und hin. Mein Körper pulsierte vor Adrenalin, sodass ich meine rasenden Rückenschmerzen vergaß und einfach nicht müde wurde. Ich rannte und rannte und immer wieder schrie ich: „Ich lasse mir nichts über meine Schwester sagen!" Mittlerweile war ich pitschnass und der Schweiß, der mir von der Stirn rann, brannte in den Augen. Aber auf Anja ließ ich nichts kommen, no way!

Nach 30 Minuten ließ mein Möchtegernpeiniger von mir. Mit Genugtuung hatte er demonstriert, dass er der Überlegene war. Abends kam sein Vorgesetzter zu mir und fragte, was da los gewesen war. Er hatte mich im Hof rennen sehen und war beeindruckt von der Leistung, die ich während der Bestrafung gezeigt hatte. Als ich ihm vom Tod meiner Schwester erzählte, brauchte ich keinen Tag zu warten und das Glasauge stand knirschend vor mir und entschuldigte sich widerwillig bei mir.

Nur meine Schmerzen im Rücken wurden in den folgenden Tagen immer schlimmer. Schließlich ging ich auf die Krankenstation im Militärbereich. Von dort aus fuhren mich die Sanitäter gleich weiter ins Spital nach Thun, um mich durchleuchten zu lassen. Auf den Röntgenbildern sah man, dass sich meine Rückenwirbel heftig verschoben hatten. So wurde ich behandelt und zum Auskurieren zwei Wochen nach Hause geschickt.

Als ich anschließend wieder in Thun war, zitierte man mich ins Büro der Leitung. Mit dunklen Vorahnungen öffnete ich die Tür und sah den Leiter der Rekrutenschule, einen Oberst und meinen steifen Ausbilder kerzengerade auf ihren Stühlen sitzen, mit standesgemäß breiten Nacken und stark hervortretenden Kiefermuskeln. Ich setzte mich und blickte sie geradewegs an. Vor ihnen auf dem Tisch lagen Papiere und Unterlagen über mich. Ohne ein

Wort zu viel zu verlieren, blickte mich der Leiter fest an und sagte mit militärischer Bestimmtheit: „Rekrut Togni, Sie können hier beim Militär nicht weitermachen. Das lässt Ihre Gesundheit nicht zu, es ist zu gefährlich für Ihren Rücken! Sie können aber in den Zivildienst gehen."

In mir stieg Wut auf. Das also war das Urteil? Gerade einmal 29 Tage lang hatte ich meinen Traum gelebt – und jetzt sollte es aus sein? Wortlos nahm ich den Schrieb entgegen und zerriss ihn vor ihren Augen. Zivildienst also, ja? Ich war fassungslos. Ungestüm stand ich vom Stuhl auf, der geräuschvoll über den Boden polterte, und ließ die wortkargen, sichtlich überrumpelten Militärs in ihrem Büro sitzen.

> „Rekrut Togni,
> Sie können hier
> nicht weitermachen.
> Das lässt Ihre
> Gesundheit nicht zu."

Vor der Tür brach meine Welt zusammen, der unbändige Zorn ging in Trauer über. Mit hängenden Schultern schleppte ich mich auf meine Stube, schloss die Zimmertür hinter mir, warf mich aufs Bett und weinte. Nach einiger Zeit klopfte es. Es war Rolfi. Er hatte ein halbes Jahr vor mir in Thun begonnen und wusste, dass ich inzwischen auch hier beim Militär war. Mit besorgter Miene setzte er sich zu mir, um mich zu trösten. Doch ich wollte mich nicht beruhigen lassen. Schließlich zerrann mir meine heldenhafte Zukunft beim Militär gerade zwischen den Fingern, ein für alle Mal! Für mich war es hier zu Ende!

Immer noch mit Tränen in den Augen stand ich auf und begann mit hektischen Bewegungen meine Sachen zu packen. „Du verpasst hier nichts, David!", versuchte Rolfi es weiter. „Viele würden sich nach den ersten Wochen Grundausbildung freuen, wenn sie wieder gehen dürften!" Ja, aber nicht ich! Ich hätte durchgehalten, ich hätte es gebracht! Zornig feuerte ich die Stiefel, die ich gerade aus dem Spind gezerrt hatte, in meine Tasche und sagte bitter: „Aber ich wollte hier Karriere machen, verdammt noch mal. Jetzt ist alles aus, alles vorbei. So eine Scheiße!"

CHAMPAGNER-JAHRE

Die Landschaft flog an mir vorüber. Aus dem Zug Richtung Zürich sah ich die reifen Getreide- und Sonnenblumenfelder, die im warmen Spätsommermorgen leuchteten. Kurz dachte ich an Anjas Ähre, die immer noch in meinem Zimmer in Kirchberg lag. Ziemlich genau sechs Jahre war das jetzt her. Meine Augen blickten weiter nach draußen, doch ich verlor mich in Gedanken und schweifte ab. Da fiel mein Blick auf mein Spiegelbild im Fensterglas. Komisch, ich in Anzug und Krawatte? Das war so ein krasser Bruch zu meinem Skater-Style und dem Militäroutfit.

Vor wenigen Tagen erst war ich nach dem unverhofften Ende meiner Militärzeit durch Mario zu einem Personalvermittler gekommen. Der saß im selben Gebäude in Wil, wo mein Bruder seine Ausbildung zum Hochbauzeichner machte. Ziemlich missmutig war ich mit meinem Abschlusszeugnis zu ihm gestiefelt. Der Headhunter hatte Kontakte in die Finanzdienstleisterbranche und war überzeugt, das sei genau mein Ding. Ich solle mich direkt beim Allgemeinen Wirtschaftsdienst in Zürich melden.

Da zu meiner recht umfangreichen Klamottenausstattung bisher noch kein gut sitzender Anzug gehörte, kaufte ich mir kurzerhand einen bei C&A und machte mich mit gemischten Gefühlen als „Pinguin" auf zum Vorstellungsgespräch. Ich ahnte nicht, dass das für die nächsten Jahre meine Arbeitskluft sein und ich Anzüge nie wieder von der Stange kaufen würde.

So also fuhr ich die eineinhalb Stunden mit dem Zug von Kirchberg nach Zürich-Oerlikon und lief gespannt auf das schmucklose Glasgebäude zu, in dem der Finanzdienstleister im zweiten Stock eine halbe Büroetage besetzte. Mein Ansprechpartner empfing mich mit gewinnendem Lächeln in seinem Büro, während ich auf einem der

Stühle Platz nahm. Ohne viel Umschweife fing er an: „David, das ist deine Chance, genau das Richtige für dich. Finanzdienstleister, das ist speziell etwas für Quereinsteiger. Du bist Kaufmann, das ist perfekt! Ich habe dein Zeugnis und deine Noten angeschaut – auf dich haben wir gewartet, David, du bist unser Mann! Du passt super in mein Team. Wir haben ein klasse Lohnsystem, du kannst 10 000 bis 13 000 Schweizer Franken im Monat verdienen, bei freier Zeiteinteilung. Am Anfang besuchst du Seminare und wirst begleitet durch einen Coach und innerhalb kürzester Zeit kannst du zum Teamleiter aufsteigen, mit eigenem Büro und Mitarbeitern ...“

Der Teamleiter überschlug sich fast vor Begeisterung und versprach mir das Blaue vom Himmel. Dann fragte er mich nach meinen Träumen. Als ich etwas von Karriere murmelte, zeigte er mir seine teure Uhr, seinen maßgeschneiderten Designeranzug und Bilder seiner Luxusschlitten auf dem Handy. Mit meinen arglosen 19 Jahren fühlte ich mich von den großen Erwartungen, die er in mich setzte, geschmeichelt und biss an. Meine Chance schien gekommen, denn unterm Strich sagte er: Wer viel arbeitet, kann auch viel verdienen. Das gefiel mir. Schließlich wusste ich: Verkaufen kann ich, gut schwatzen auch und klotzen sowieso.

Das hatte ich mir in den letzten Jahren schon oft genug bewiesen. Denn anders als in der Schule, wo ich mit Faulheit glänzte, hatte ich nicht nur im Ausbildungsbetrieb großen Einsatz gezeigt, sondern schon als Schüler immer nebenbei hart gearbeitet, um mein eigenes Geld zu verdienen. Nach dem Unterricht und später nach der Lehre und Berufsschule schleppte ich mich abends oder am Wochenende zum Kino, um dort oft todmüde die Schichten für die Abendvorstellungen zu schieben. Außerdem hatte ich in der Zeit angefangen, ab und zu mal zu modeln, auch kein schlechter Job.

Es war nicht so, dass ich von meinen Eltern nichts bekam. Sie kauften mir, was ich brauchte, aber eben normale Klamotten. Wenn ich teuren, coolen Style wollte, und das wollte ich, musste ich selbst dafür arbeiten. Meine stylishe Mode war es mir wert. Und einen Porsche, teure Uhren und genug auf dem Konto, um tolle Reisen zu machen? Ja, mein Traum war es, Geld zu verdienen, viel Geld.

Ich wollte reich werden, mir teure Dinge leisten können und etwas gelten. Der Mann, der hier vor mir saß, war nur wenige Jahre älter als ich und schon zum Teamchef aufgestiegen. Er hatte es ja auch geschafft. Dann konnte ich das genauso gut erreichen!

> Ja, ich wollte reich werden,
> mir teure Dinge leisten können
> und etwas gelten.

So betrat ich das Glasgebäude Anfang September 2006 wieder im dunklen Anzug und fing mit 40 weiteren neuen Mitarbeitern beim Allgemeinen Wirtschaftsdienst an. Unsere Einführung bestand unter anderem darin, dass uns Bilder von teuren Autos und schicken Jachten gezeigt wurden und erfolgreiche Mitarbeiter davon erzählten, was sie erreicht hatten. Ohne dass wir noch genau wussten, worum es ging, prophezeite man uns: „Wer wirklich auf der Erfolgsspur ist, wird heute Abend schon die ersten Telefonate machen."

Darauf war ich vorbereitet. Dass es ums Telefonieren ging und um Dienstleistungen im Finanz- und Versicherungsbereich, das wusste ich. Also hatte ich im Vorfeld Bekannte informiert und sie um den Gefallen gebeten, sie zum Üben anrufen zu dürfen. Nach der Einführung schwärmten einige der Neulinge sofort ins Großraumbüro in die Telefonkabinen aus. Dabei fiel ich als krasser Durchstarter auf, der gleich zwölf Leute an der Strippe hatte, während die anderen maximal auf einen kamen. Im Grunde wussten wir ja nach diesem ersten Tag noch nicht einmal richtig, worum es ging und was wir verkaufen sollten … Aber diese Unsicherheit hatte ich nicht, sondern legte einfach los.

Bald war ich richtig angefixt und malochte. Zwar gab es anfangs noch eine interne Ausbildung, aber parallel konnte man direkt mit Kundenkontakten und Verkäufen durchstarten. In der ersten Zeit war der Teamleiter als Coach bei den Terminen dabei, aber das

Prinzip „learning by doing" war auch hier wieder total mein Ding. Ich arbeitete von frühmorgens bis spät in die Nacht. Wenn ich um acht das riesige Großraumbüro durch die Aufzugstür betrat, waren viele der einzeln abgetrennten Zellen schon besetzt mit ehrgeizigen Anzugträgern, die fleißig telefonierten oder tippten.

Bei Finanzdienstleistungen laufen Beratungen und Vertragsabschlüsse in erster Linie über persönliche Kontakte; man beginnt bei Bekannten und Freunden und erweitert schließlich den Radius auf Kontakte von Kontakten oder erhält Empfehlungen. Kaum saß ich in meiner Kabine, begann auch ich, das Adressbuch in meinem Handy durchzugehen. Hier war ein Bekannter, den ich noch nicht angerufen hatte. Siegessicher tippte ich auf das Hörersymbol und lehnte mich in den wippenden Bürostuhl zurück. Es klingelte ein paarmal, dann nahm er ab, überrascht, mich am Hörer zu haben. Einige herzliche Nachfragen zur Familie, eine verbindende Geschichte von früher und schnell waren wir auf einer vertrauensvollen Ebene, in der ich ihm meinen Vorschlag unterbreiten konnte:

„Du, hör zu, ich arbeite jetzt für einen Finanzdienstleister. Ich habe ein super Angebot für dich. Ich werde unverbindlich und kostenlos deine Finanzen optimieren, das ist der Hammer, du wirst sehen, wie viel du sparen kannst." „Ach ja? Aber ich bin eigentlich ganz zufrieden mit meiner Situation." „Das sagst du nur, weil du nicht weißt, wie viele Möglichkeiten du ungenutzt lässt! Ich wette mit dir, du kannst in einem Jahr so viel einsparen, dass du mit deiner vierköpfigen Familie noch einmal mehr in den Urlaub fahren kannst." Stille in der Leitung. Ich wusste, das war mein Köder, ich hatte ihn fast. „Ich schlage vor, wir treffen uns, am besten gleich diese Woche, gehen deine finanziellen Verpflichtungen, Versicherungen und Vorsorgen durch und schauen mal. Völlig unverbindlich. Ich hab da ein paar super Sachen für dich, du wirst sehen!"

Als wir uns ein paar Tage später bei ihm zu Hause trafen, konnte ich meinen Bekannten tatsächlich zu einem Vertragsabschluss bewegen. Dabei sprang eine satte Provision für mich heraus. Nicht nur dieses Mal hatte ich mit meinem entschlossenen Vorgehen Erfolg bewiesen. Ich wusste: Wenn ich bereit war zu klotzen, mehr als die anderen, konnte ich ganz groß rauskommen. Das war mein erklärtes Ziel!

Immer wieder setzte sich mein Teamleiter zur Kontrolle und zum Ansporn neben mich, während ich telefonierte. Statt mich jedoch davon verunsichern zu lassen, trieb mich das zu noch mehr Höchstleistungen an. Ich wuchs förmlich über mich hinaus. Einmal saß mein Chef wieder neben mir, als mein Handy klingelte. Ohne zu zögern griff er nach dem vibrierenden Silberteil, nahm ab und meldete sich mit verstellter Stimme: „Hallo, hier ist David!" Mir wurde heiß und kalt. „Erinnerst du dich nicht mehr, wie ich dir früher immer geholfen habe?", säuselte er ungehemmt in die Leitung. Dabei erfand er irgendwelche Storys und bewies mir, wie schnell er Leute um den Finger wickeln und ihnen etwas verkaufen konnte.

Auch wenn sein ungefragter Rollentausch selbst mir zu weit ging, bewunderte ich meinen Teamleiter für sein Verkaufsgeschick und seine Erfolge. Denn obwohl er einer der Jüngsten war, gewann er ständig Wettbewerbe und Preise, die den Mitarbeitern als Anreiz für hohe Umsätze winkten. Nein, hier kam es nicht auf Alter an, nicht auf Erfahrung und schon gar nicht auf einen integren Charakter. So behände wie möglich versuchte ich ihm die Karriereleiter hinterherzuklettern.

Doch durch meine Penetranz, wenn es darum ging, einen Vertrag abzuschließen, verlor ich sogar einige Bekannte. Wenn ich jemanden nicht zu einem Abschluss bewegen konnte, nahm ich das schnell persönlich. Andere Freunde distanzierten sich und warfen mir vor, nur noch das Geld im Blick zu haben und die Beziehung zu vernachlässigen. Das traf mich sehr; umso mehr, da ich ahnte, dass sie recht hatten.

Nach kurzer Zeit in der Finanzbranche drehte sich meine Welt nur noch um Prämien und Provisionen. Der Gang zur Umsatzliste, die jeden Morgen neu im Großraumbüro des Wirtschaftsdiensts ausgehängt wurde, war der tägliche Moment der Wahrheit. Hier konnte ich ablesen, wie ich mit meinen Umsätzen im Verhältnis zu den anderen stand. Punkte erhielt man für abgeschlossene Verträge, besonders viele Punkte gab es bei Produkten, die sich schwieriger verkaufen ließen. Es zählte sowohl der individuelle Umsatz als auch der, den man gemeinsam in seinem Team, das aus acht bis 15 Mitarbeitern bestand, erreicht hatte.

Die Anreize für guten Umsatz waren verlockend. Ständig wurden Ehrungen inszeniert oder Wettbewerbe um attraktive Preise ausgeschrieben, wie elegante Luxusreisen auf die Bahamas, schicke Krawatten, Essensgutscheine für Edelrestaurants oder einen fast unbezahlbaren telefonfreien Abend.

Nach wenigen Monaten war auch mein erster großer Tag gekommen. Als ich mich im riesigen Festsaal umsah, überrieselte mich ein Gänsehautschauer. Nun begann der triumphale Sound von „Piraten der Karibik" durch die Stuhlreihen zu wummern und es wurde stockfinster. Die rund 600 geladenen Gäste hielten den Atem an. „David Togni!", rief die aufpeitschende Stimme durchs Mikrofon. Ich zuckte zusammen, Adrenalin schoss durch meinen Körper. „Wow, ich habe es geschafft, wirklich geschafft!" Ungläubig spürte ich die blendende Wärme, als mich der grelle Scheinwerfer einfing, der Sekunden vorher suchend durch den gefüllten Saal geschwenkt war. Um mich herum brach tosender Applaus aus, Leute sprangen von ihren Sitzen auf und gaben mir Standing Ovations. Prisca, die neben mir saß, klatschte und sah mich stolz und mit glänzenden Augen an.

Dann erhob ich mich von meinem Platz und lief, mit den sechs anderen Aufgerufenen, an den Hunderten Anzugträgern vorbei nach vorn auf die Bühne. Zum prestigeträchtigen Jahresauftaktmeeting des Allgemeinen Wirtschaftsdienstes waren alle Leiter und Mitarbeiter der Schweiz samt Partnern und einige Prominente ins edle Kultur- und Kongresszentrum Luzern gekommen. Sie alle klatschten nun für uns. Mit geschwellter Brust nahm ich meinen Preis als „Newcomer of the Year" entgegen. In den gerade einmal vier Monaten bei meinem neuen Arbeitgeber hatte ich mehr Umsatz erzielt als so mancher Kollege, der schon seit einem Jahr dabei war, und galt als einer der zehn Topfinanzberater. Jetzt wurde ich, der „kleine Togni", zusammen mit sechs anderen Newcomern vor all diesen ehrgeizigen, hart arbeitenden Männern und Frauen geehrt.

Dabei war klar, dass die Kollegen im Publikum insgeheim nur einen Wunsch hegten: jetzt selber hier vorne zu stehen. Denn jeder gab, was er konnte, und oft mehr als das. Das gesamte System war auf Konkurrenz, Belohnung und Gier aufgebaut und funktionierte so weit hervorragend. Das fing schon bei den monatlichen Auftaktmeetings des Gesamtteams an. Während der Besprechungen erhielten die drei umsatzstärksten Mitarbeiter des Vormonats einen Ehrenplatz ganz vorn, wo sie demonstrativ Champagner tranken und edles Essen bekamen. Wer nicht dort saß, fand sich in dieser Inszenierung klar auf der Verliererseite. Der hieraus entstandene Ehrgeiz wurde im anschließenden Telefonierwettbewerb gleich gewinnbringend kanalisiert, wobei derjenige gewann, der am Abend die meisten Termine für den kommenden Monat festgeklopft hatte.

Von Anfang an spornte mich diese Anerkennung der Besten an, mindestens so viel wie das Geld, das wir dabei verdienten. In den ersten anderthalb Jahren war ich im Kampf um den höchsten Umsatz immer vorne mit dabei, das war gesetzt. Schweizweit rangierte ich nicht selten unter den besten zehn Verkäufern und genoss diesen Triumph. Dafür war ich bereit alles zu geben, mehr als die anderen. Oft stand ich auch samstags und sonntags im Anzug und mit meinem Aktenköfferchen am Bahnhof, wenn die anderen zum Shoppen in die Stadt gingen oder das freie Wochenende feierten. Mich erfüllte ein Gefühl von Überlegenheit, weil ich wusste: Ich kämpfte hart für meinen verdienten Erfolg und in der Zeit, in der meine konkurrierenden Mitarbeiter nicht arbeiteten, konnte ich ihnen ein paar Schritte vorauseilen.

Mein Privatleben fand in dieser Zeit so gut wie nicht statt. Kaum noch verbrachte ich Zeit mit Freunden und auch Prisca bekam mich nicht mehr so oft zu sehen. Zwar wohnte ich nach wie vor bei meinen Eltern und wir hatten ein gutes Verhältnis, aber was sie wirklich von meinem absolut fokussierten Erfolgstrip dachten, perlte an mir ab wie Sekt. „Du kannst ruhig normal mit uns reden!", sagten sie manchmal genervt, wenn ich mit einer auswendig gelernten Verkäuferphrase ankam.

Mein sensationeller Senkrechtstart blies mein Ego enorm auf und ich verlor unmerklich den Kontakt zu meinem Herzen und den Dingen, die mir immer viel bedeutet hatten. Anja, den Schmerz um sie und die Selbstlosigkeit, für die ich sie so bewundert hatte, waren wie ausgesperrt aus der Traumwelt, in der ich gerade lebte und die mein Selbstbild nährte. Hatte mich früher die Natur unwiderstehlich angezogen, kam sie in meinem jetzigen Leben nicht mehr vor. Außer dem, was ich vom Zugfenster aus sah – vorausgesetzt, es war noch hell, wenn ich nach Hause fuhr.

> **Mein Senkrechtstart**
> **blies mein Ego enorm auf**
> **und ich verlor unmerklich**
> **den Kontakt zu meinem Herzen.**

Gleich gesinnte Kollegen und Leute aus dem zwölfköpfigen Team, mit dem ich arbeitete, wurden meine Buddys. Mit einigen verstand ich mich blendend und ging mit ihnen nach einem durchgerockten Tag spätabends noch essen oder in eine Bar. Einer davon war Alassane, der ursprünglich aus dem Senegal kommt. Er arbeitete in einem anderen Team beim Allgemeinen Wirtschaftsdienst; wir hatten uns bei einer Schulung kennengelernt, die Alassane in der Firma hielt. Oft zogen wir gemeinsam um die Häuser und redeten bis tief in die Nacht hinein. Wir waren total auf einer Wellenlänge. Er war ein sehr sensibler Mann, der sich viele Gedanken machte und Dinge nicht nur oberflächlich betrachtete.

Mit meinen Teamkollegen oder meinem Chef leistete ich mir immer wieder Shoppingexzesse in Zürich, mit Vorliebe an einem Dienstagmorgen, wenn alle anderen am Arbeiten waren. Dann gingen wir für 100 Schweizer Franken fürstlich frühstücken und kauften in den Geschäften und Boutiquen, was uns gefiel, ohne auf das Preisschild zu schauen: Designeranzüge, edle Krawatten, Gürtel, kostspielige Uhren oder elegante Lederschuhe. Mit den vollen Einkaufstüten bepackt, setzten wir uns erschöpft in ein Restaurant und bestellten, wonach uns war. Die Speisekarte las ich inzwischen nur noch von links nach rechts. Was etwas kostete, spielte überhaupt keine Rolle. Wenn uns die Laune packte, machten wir anschließend noch einen Schiffsausflug auf dem Zürichsee, bevor wir zurück ins Büro gingen und weitertelefonierten. Auch Shoppingtrips nach Paris oder München waren keine Seltenheit.

Das Finanzteam, mit dem ich solche Eskapaden zelebrierte, war zu meiner Ersatzfamilie geworden. Dabei war die Teamdynamik an sich recht zwiespältig. Einerseits waren wir harte Konkurrenten, wenn es darum ging, den Monatsumsatz zu gewinnen. Andererseits bestand ein starker Zusammenhalt, denn man konnte ja auch gemeinsam als Team absahnen.

Gruppenzwang und die Pflicht zur Loyalität waren starke Motivatoren und Druckmittel zum Arbeiten. Nicht selten kam es vor, dass Mitarbeiter von Beerdigungen oder anderen privaten Terminen weggeholt wurden: „Deine Tante ist doch sowieso tot, da kannst du nichts mehr dran ändern, komm lieber noch mal ins Büro und mach ein paar Anrufe." In mir drin wusste ich, dass das kein Arbeitsklima war, das ich gutheißen konnte. Wo blieb das Menschliche, das, was im Leben Bedeutung hatte? Aber weiter steigende Verkaufszahlen waren für uns alle wichtig, so sehr, dass Mitarbeiter an ihren Geburtstagen teilweise nicht frei bekamen und sogar Weihnachten und Neujahr anrücken mussten. Wer nicht mitzog, gefährdete immer auch die Aussichten auf einen Teamrekord. Hatte man diesen wiederum erreicht, wurde in ausgelassenen Partys der Zusammenhalt besiegelt.

Eine Zeit lang mietete unser Chef, wenn wir als Team den Monatsumsatz gewonnen hatten, eine prunkvolle weiße Limousine mit Ledersitzen, in der wir alle Platz hatten. Von einem Chauffeur im schwarzen Anzug und mit weißen Handschuhen wurden wir durch die Straßen von Zürich kutschiert. Wir drehten ausgelassen die Musik auf und waren in Hochstimmung, als wir vor einem exquisiten chinesischen Restaurant anhielten. Galant öffnete uns der Fahrer die Tür und alle strömten heraus.

Doch plötzlich war mir die Situation peinlich. Befangen sah ich, wie sich die anderen vor dem Edelschlitten in Pose brachten und Selfies schossen. Was war los? Etwas störte mich an dieser ganzen Inszenierung. So ungesehen wie möglich stieg ich allein auf der rückseitigen Tür aus und drückte mich zum Eingang des Restaurants. Am Tisch mit den übermütigen Kollegen wurde ich bald wieder von der heiteren Feierlaune erfasst. Wir ließen es uns so richtig gut gehen und bestellten nach Herzenslust. Schließlich zahlte heute der Chef.

Mit meinen 19 Jahren lag mir die Welt zu Füßen. Vor nicht allzu langer Zeit hatte mich der Anwerber mit einem monatlichen Gehalt von bis zu 13 000 Schweizer Franken gelockt. Die Wahrheit ist: Nur wenige bekommen diese Rosine im Kuchen ab und ich hatte es tatsächlich ab und zu geschafft. Es war keine Seltenheit, dass am Monatsende ein fünfstelliger Betrag auf mein Konto einging.

Nach eineinhalb Jahren in der Finanzbranche gönnte ich mir einen Porsche. Nonno hatte sich mit seiner ersten Million einen Ferrari gekauft und ich fuhr nun, mit zwanzig, einen schwarz glänzenden Edelschlitten mit hellbraunen Ledersitzen. Nicht viel später stieg ich zum Teamleiter auf. Das brachte das Privileg mit sich, dass ich nicht mehr im Großraumbüro arbeiten musste, sondern in ein eigenes Office ziehen durfte. Dazu setzte ich durch, dass ich es mir mit meinem Freund Alassane teilen konnte, und baute jetzt mein eigenes Team auf. Ich war davon überzeugt, unbesiegbar zu sein.

Dann gewann ich bei einem Umsatzwettbewerb eine Luxusreise nach Monaco. Wir 30 Gewinner residierten in Monte Carlo, wo sich mit uns die Reichen der Reichen dieser Welt tummelten. Gleich am ersten Abend zogen wir in den exklusiven Club Jimmy'z, der nur gut zahlende Gäste mit Reservierung reinlässt. Weit nach Mitternacht traten wir durch die Türen des legendären Etablissements. Als ich mich umschaute, durchströmte mich eine Mischung aus Ehrfurcht und Siegesgewissheit. Auf der Tanzfläche, über der sich ein riesiger glitzernder Ball drehte, bewegten sich reiche Anzugträger und Modelschönheiten zur Musik, die ein Star-DJ auflegte. Im Rhythmus wippend ging ich nach hinten durch an die herrliche Freiluftbar, die halb in einen hübsch angelegten See hineinragte, und bestellte mir einen Cocktail.

Mit dem edlen Drink in der Hand nahm ich die Stufen nach oben auf die Aussichtsterrasse. Dort eröffnete sich mir ein wahnsinniger Blick auf die nächtlich glitzernde Bucht der Riviera und den erleuchteten Hafen. Es war einfach umwerfend. Verzaubert führte ich das kühle Glas an meine Lippen, nahm einen Schluck und schloss die Augen. Der herbe Alkohol und die klebrige Süße rannen meine Kehle hinunter. Eine warme Brise ließ die Pinien rauschen und wehte mir ins Gesicht. Da huschte ein leiser, bereits vertrauter Gedanke an mir vorüber: Du verlierst dich, David. Wo bist du in dem Ganzen?

„David! Da bist du ja!" Schnell öffnete ich die Augen. Ein Kollege, der mich schon gesucht hatte, zog mich mit sich in die Lounge, wo unsere Crew gerade einen unsäglich teuren Vintage-Champagner köpfte. So teuer wie ein Monatsgehalt. Fasziniert blickte ich mich um. Das Interieur mit seinen schwarzen Polstersitzen und American-Diner-Tischchen erinnerte stark an die Seventies. In einer Ecke saßen zwei arabische Männer mit kariertem Tuch und Kordel auf dem Kopf. Bestimmt Ölscheichs. Was für ein Publikum, was für ein Leben! Übermütig prosteten wir uns zu und ließen uns den prickelnden Schaumwein auf der Zunge zergehen. Noch ein Glas und noch eines, die Korken knallten munter weiter. Fraglos hatten wir es uns verdient, hier einen draufzumachen und zur Crème de la Crème zu gehören.

Plötzlich wurden Stimmen laut, ein Aufruhr begann. Einer unserer schon heftig betrunkenen Kollegen hatte eine Schlägerei auf der Herrentoilette angezettelt. Ohne Grund hatte er einen jungen Mann blöd angemacht, seinen Kopf genommen und gegen die Kacheln geknallt. Zu allem Unglück gehörte der daraufhin gebrochene Kiefer dem Sohn einer der reichsten Männer Monacos. Schließlich warf die Security die Hälfte von uns hochkant raus. Die Feierlaune ließen wir uns davon aber nicht verderben und tingelten in einen anderen schicken Klub, der direkt am Sandstrand lag. Dort feierten, tanzten und tranken wir weiter. Als sich der Himmel von der aufgehenden Sonne orange färbte, legte der DJ den Klub-Hit „Good Morning St. Tropez" auf und wir schwoften begeistert in den anbrechenden Morgen hinein.

Wenige Stunden später bestieg ich ein herrliches Segelschiff, das uns ins eben noch besungene, mondäne St. Tropez chauffieren sollte. Wirklich viel bekam ich von der malerischen Côte d'Azur, an der wir entlangschipperten, allerdings nicht mit; die meiste Zeit schlief ich unter Deck. Die letzte Nacht und der Alkohol steckten mir noch ziemlich in den Knochen. Von wummernder Partymusik wachte ich schließlich auf und kletterte benommen die mahagonibraune Treppe nach oben an Deck. Die grelle Mittagssonne blendete mich und ich blinzelte. Mein Blick fiel aufs Meer, das in einem atemberaubenden Azurblau vor mir lag, glitzernd bis zum Horizont. Ich fühlte mich wie in einem wunderschönen Traum – wäre da nicht mein brummender Schädel gewesen.

Langsam sah ich mich um. Das strahlend weiße, riesige Segel wurde gerade eingeholt. Wir waren vor Anker gegangen und lagen bereits in der Bucht von St. Tropez, einer hübschen, geleckten Küstenstadt. Jetzt entdeckte ich das DJ-Boot, von dem die wummernde Musik ausging. Über das Wasser drang der Beat lautstark zu uns herüber. Meine Kollegen standen mit Sonnenbrille und Strohhut ausgerüstet an der Reling und blickten fasziniert in Richtung Hafen. Ich stellte mich zu ihnen. Da kam etwas Funkelndes direkt auf uns zugefahren. Ein komplett bronzefarbenes Boot! Elegant Wellen schlagend, machte es vor uns halt und vertäute sich mit unserem Schiff. Dann traten aus dem Inneren seines schimmernden Rumpfes schwarz gekleidete Servierkräfte. Sie kletterten zu uns herüber und kredenzten uns auf teuerstem Marmorgeschirr Sushi zum Mittagessen!

Auch wenn ich Sushi eigentlich hasse, ließen wir uns solche schwelgerischen Details gerne gefallen. Wir genossen diese Privilegien und den Kick, den dieser Luxus uns bescherte – auch wenn der Kitzel nie lange anhielt. Umso mehr kosteten wir diese Momente aus, ließen uns feiern und verwöhnen.

Um mit solchem Glamour nicht völlig abzuheben, braucht es jedoch Reife und Charakter. Das dämmerte mir bald. Nicht jeder kann mit plötzlichem Reichtum umgehen. Nach einem großen Teammeeting ging einmal einer der Chefs an die breite Fensterfront unseres Büroraums. „Kommt mal alle her!", forderte er uns auf. Wir standen auf und stellten uns neben ihn an die Scheibe. Durch das Glas blickten wir auf eine Großbaustelle mit Hunderten von Bauarbeitern, Maurern, Vermessern, Kranfahrern – hart arbeitenden Leuten. Verächtlich und mit einer unfassbaren Arroganz sagte der Chef: „Seht ihr all diese Loser? Wegen dieser Leute werden wir scheißreich." Einige meiner Kollegen lächelten überlegen, andere runzelten die Stirn. Dann fügte er wie größenwahnsinnig hinzu: „Glaubt mir eins – ich baue eine Armee auf, größer als Hitler!"

In diesem Moment machte ich dicht. So viel Distanz hatte ich noch zu dieser Scheinwelt, um festzustellen, dass das eindeutig zu weit ging. Nein, so etwas Menschenverachtendes wollte ich mir nicht anhören und verließ schnurstracks den Raum. Wie mir ging es auch einigen anderen, die, so gern wir uns im Ruhm sonnten, doch noch am gesunden Menschenverstand festhielten. Auch als schnieker Anzugträger ging ich oft zu Obdachlosen in die Fußgängerzonen oder an den Bahnhof von Zürich, sprach mit ihnen, gab ihnen Geld oder etwas zu essen. Ich war nicht reich, weil sie etwa „die Loser" waren; noch weniger waren sie „Loser", weil sie nicht reich waren. Das stimmte einfach nicht, so zugekleistert war mein Herz noch nicht. Diese Menschen und alle anderen hatten eine unendliche Würde und die achtete ich. Kein Geld der Welt konnte mir diese Überzeugung nehmen. So wollte ich nicht werden. Leise und unmerklich schlich sich eine immer größere Entfremdung zwischen mich und das, was ich täglich tat.

Nach einem erfolgreichen Tag, an dem mein Team die Umsätze gerockt hat und wir mal wieder auf den Tischen getanzt haben, steige ich spätabends allein in den Aufzug. Die Tür schließt und ich blicke meinem Spiegelbild ins Gesicht. Ein junger, erfolgreicher, gut aussehender Typ, die Haare nach hinten gegelt, perfekt sitzender Designeranzug, verschwenderisch teure Uhr, entschlossener Blick. Die absolute Verkörperung von Erfolg. Verschmitzt zwinkere ich mir zu.

Doch während ich durch die Dunkelheit über die Straße zu meinem Porsche laufe, beginnt etwas an meiner Fassade zu bröckeln. Eine fragende Leere breitet sich in mir aus, die ich vergeblich versuche wegzuschieben. Beharrlich beginnt der leise Zweifel an mir zu nagen, derselbe, der mich nachts oft wachhält: Bist du wirklich glücklich? Jetzt, wo die Party für heute vorbei ist und der Schampus getrunken, was bleibt von dir übrig? Mein Gott, David, bist du das? Wirklich?

Ja, ich war einer der absoluten Überflieger, hatte alles erreicht und lebte meinen Traum. Doch ich spürte plötzlich, dass mir etwas fehlte. Ich fand keinen inneren Frieden, schlief schon seit Langem unruhig und konnte so manchem Freund nicht mehr in die Augen blicken. Immer mehr dämmerte mir, in was für einem Haifischbecken ich hier gelandet war, in dem ich nicht nur andere ausbootete, sondern auch selbst täglich strampelte, um nicht unterzugehen. Und wie ich Gefahr lief, mich immer mehr zu verlieren und das, was mir eigentlich einmal wichtig gewesen war. Die Identität, die mir diese Scheinwelt mit ihrer äußerlichen Anerkennung gab, war, wenn ich ehrlich war, einfach nur hohl. Nichts dahinter. Die ausgelassene Happiness, die ich suchte und für die ich einen so hohen Preis zahlte, dauerte immer nur für wenige Stunden an. Danach kam die Leere. Unweigerlich.

Wie mir schien es einigen zu gehen. Nicht wenige koksten, um die Abgründe zwischen Siegestaumel und innerem Vakuum auszuhalten. Als ich wieder einmal auf einer Luxusreise dabei war, bekam ich mit, wie Kollegen mit jungen Mädchen fremdgingen. Ich selbst war kein Heiliger und naiv auch nicht, doch spürte ich deutlich, dass hier, auf der Suche nach einem Kick, eine Grenze deutlich überschritten wurde, die zerstörerische Auswirkungen hatte. Nicht zuletzt für die Familien. Hier hörte für mich der Spaß auf.

In diesem Augenblick traf ich eine Entscheidung: Ich würde auf keine solche Reise mehr mitfahren. Damit war jetzt Schluss. Kurz darauf gewann ich wieder einen Trip, diesmal nach Schweden. Ich marschierte zu meinem Vorgesetzten, stellte mich ihm gegenüber und meinte entschlossen: „Ich gehe nicht mit nach Schweden!" Verwundert entgegnete er: „Aber du bekommst die Reise nicht ausbezahlt. Entweder Reise oder nichts." „Das ist mir egal", erwiderte ich, „ich fahre nicht mit."

Die Reise fand ohne mich statt und ich distanzierte mich innerlich immer weiter von dieser doppelbödigen Welt. Zwar hatte ich auch schon vorher gewusst, dass manche Kollegen Drogen nahmen oder Kunden verarschten, aber jetzt störte es mich zunehmend. Selbstverwirklichung um jeden Preis? War es das wert? Wie auf Knopfdruck war er wieder da, mein vertrauter Zweifel: Bin ich denn glücklich? Habe ich in all der Selbstverwirklichung auch nur einen Schimmer Frieden gefunden? Wie gerne würde ich abends im Bett liegen und in Ruhe, in tiefen Frieden gehüllt, einschlafen. Gab es das überhaupt? Wo war mein Friede von früher, nach dem ich mich so sehnte? War er mit meiner verronnenen Kindheit für immer verschüttet und unzugänglich?

Zunehmend begann ich wieder nach Gott zu fragen und zu suchen. Ja, ich hatte ihn weggeschickt. Und zu diesem Gott, der mir so wehgetan hatte, indem Anja sterben musste, wollte ich doch eigentlich auch nicht zurück. Aber irgendetwas zog mich in die Kirche. Wenn ich sonntags in Gottesdiensten auf meinem Stuhl saß und der Anbetungsmusik zuhörte, spürte ich tatsächlich etwas von dem Frieden, den ich suchte. Im Gottesdienst war ich in keiner Rolle, war nicht getrieben von Geschäften, Provisionen oder Leistungsdruck. Hier saß ich einfach und wurde durchströmt von einer wunderbaren Wärme, die mich an die heiligen Orte von früher erinnerte.

Zögerlich und mit leiser Erleichterung ahnte ich, dass das Selbst, das ich mir aufgebaut hatte, hier nicht zählte. Zumindest kam es nicht in erster Linie darauf an, wer ich war, und das war irgendwie befreiend. Gott sah etwas anderes, Tieferes in mir und ich spürte, wie er es umfassend bejahte und sich eine wohlige, alles durchflutende Liebe in mir breitmachte. Ein lang vergessenes Gefühl stieg in mir auf. Ich glaube, es war Freude.

In der kommenden Zeit betete ich immer wieder und sprach mit Freunden und Kollegen wie Alassane über den Glauben. Das tat mir gut und weckte etwas, das ich in den letzten Jahren unterdrückt hatte. Nicht zuletzt die tiefere Frage nach meiner Identität.

Es ist halb zwei am Morgen. Ich war bei Mario zu einer WG-Party in Schaffhausen und setze mich in meinen Porsche. Doch ich kann nicht losfahren, etwas bedrückt mich. Unentschlossen halten meine Hände das Steuer. Mir wird auf einen Schlag klar, was mir tief innen fehlt: Ich habe keine echte Freude im Leben! Dann beginne ich mit Gott zu reden. Immer noch habe ich meine Zweifel an ihm, als ich zu ihm sage: „Gott, wenn es dich wirklich gibt, dann zeig dich mir! Gib mir ein deutliches Zeichen!" Da beginnt das Auto plötzlich stark zu wackeln und ist zugleich von einer wunderbaren Leichtigkeit und Freude erfüllt, wie einer göttlichen Gegenwart. Es ist eine unglaubliche Atmosphäre, die für immer anhalten könnte.

Im selben Moment habe ich den starken Eindruck, ich solle in eine bestimmte Gasse in Schaffhausen fahren, dort sei eine Person mit Knieschmerzen. Um diese Uhrzeit? Nein, ich diskutiere nicht und fahre dorthin. Tatsächlich treffe ich eine Frau und frage sie, ob sie Knieschmerzen hat. Sie ist ganz überrascht, als ich sie anspreche, runzelt ein wenig die Stirn und erwidert dann: „Ja, mein linkes Knie tut ganz schrecklich weh!" „Kann ich für Ihr Knie beten?", frage ich sie. „Ich glaube, dass Gott mir das gesagt hat und er Sie heilen möchte." Zögerlich stimmt sie zu.

Noch voll von der Gegenwart Gottes im Auto und überwältigt davon, dass ich diese Frau hier tatsächlich gefunden habe, bitte ich Gott um Heilung für ihr Knie. Als ich Amen sage, blickt sie mich ungläubig an, versucht ihr Knie anzuwinkeln, kann es aber nicht bewegen. Gerade als mir das Herz in die Hose rutschen will, wird es besser, bis sie schließlich keinen Schmerz mehr spürt. Voller Glauben fordere ich sie heraus und wir rennen zusammen die Gasse rauf und runter. Über das ganze Gesicht strahlend keucht sie: „Unglaublich, die Schmerzen sind weg! Ich habe keine Schmerzen mehr im Knie!"

In diesem Moment legt Gott einen Schalter in mir um. Etwas völlig Neues ist angebrochen, das spüre ich tief drinnen. Und mich kann er dabei gebrauchen!

GRÜNE AUE TO GO

„Hast du den geschleckten Typen da draußen gesehen? So ein ge-
gelter Angeber!"

Ich drücke auf die Klospülung. Keine Frage, die reden über mich.
Man erkennt an meinem geschniegelten Äußeren, dass ich Kohle
habe und in der Finanzwelt unterwegs bin. Mir ist bewusst, dass ich
damit auffalle, und offenbar negativ. Ich schlucke meine Betroffenheit hinunter. Wer redet da so über mich?

Als ich die quietschende Klotür öffne, blicken mich zwei Gesichter
an, die sofort tiefrot anlaufen: Vor mir stehen zwei Männer aus dem
Leitungsteam der Church, deren Gottesdienst ich heute besuchen
möchte. Fest blicke ich sie an und sage: „Ich bin froh, dass ich nicht
euch nachlaufe, sondern Jesus Christus." Damit lasse ich sie stehen
und schlendere hinein in den Gottesdienstraum, wo ich mich demonstrativ in die erste Reihe setze.

In diesem Moment lernte ich die schmerzliche, aber wichtige Lektion, dass Gott und Kirche nicht identisch sind. Denn Gott liebt mich
bedingungslos und nahm mich auch damals schon an, wie ich war,
geschniegelt und geleckt und vor allem mit einem großen Hunger
nach seiner Liebe. Gott war überglücklich, dass ich zu ihm zurückgekommen war, und bereit, neu mit mir durchzustarten.

Auf meiner Suche nach Gemeinschaft und gemeinsamem Gottesdienst war ich in verschiedenen Gemeinden gewesen, um mich
wieder heranzutasten. Doch bei einigen Leuten stieß ich auf starke
Ablehnung, weil ich anders war, mich anders kleidete und in den Augen vieler als „geschädigter Materialist" galt. Während ich für das,
was ich erreicht hatte, in meiner Arbeitswelt bejubelt und bewundert
wurde, blies mir hier ein scharfer Wind offener Missbilligung meines
Lebensstils entgegen. Zwangsläufig brachte mich das bald zum Kern

der Frage, worin meine Identität wirklich begründet war. Nein, sie lag nicht in Geld, Luxus und Erfolg. Dass ich darin kein dauerhaftes Glück und keinen Frieden fand, war mir in der Vergangenheit nur allzu deutlich geworden. Aber genauso wenig konnte doch meine Identität darin liegen, dass ich nun in einer anderen „Subkultur", der Gemeinde, alles dafür tat, um die Spielregeln nicht zu verletzen und Anerkennung zu finden. Es wäre dasselbe in Grün gewesen, mich und meinen Wert wieder von äußeren Faktoren abhängig zu machen.

Mein tiefstes Inneres sehnte sich danach, auf festem Boden zu stehen. Ich brauchte eine Identität, die beständig war und unabhängig von Meinungen anderer. Und ich war überzeugt, dass Gott mir diese Identität schenken konnte, dass er etwas hatte, das mich wirklich ausfüllte, das mir echte, tiefe Freude und Ruhe gab. Dass er real war und mich gebrauchen konnte, hatte er mir in Schaffhausen im Auto und in der Begegnung mit der kniekranken Frau doch schon deutlich gezeigt.

So begann ich Gottes Liebe und dieser Hoffnung auf etwas Echtes und Beständiges nur entschiedener nachzulaufen. Auch wenn mich manche schief ansahen oder naserümpfend mieden, zog es mich weiterhin in Gottesdienste. Immer häufiger redete ich mit Gott und kramte sogar meine verstaubte Bibel wieder aus dem Regal hervor, um mehr über ihn zu erfahren. Zunehmend suchte ich die Nähe zu Menschen, mit denen ich über Gott sprechen konnte, über tiefere Fragen und den Sinn des Lebens.

Schon immer war die Natur ein belebender Ort für meine Seele gewesen, wo sie frei aufatmen und zur Ruhe kommen konnte. Heute ging ich endlich mal wieder durch den Wald und sog die würzige, feuchte Luft tief in meine Lungen ein. Wie lange hatte ich mir keine Zeit mehr gegönnt, einfach in der herrlichen Natur zu sein! Die Stille war einladend und wohltuend. Da hörte ich ein fernes, leises Knattern, das immer näher herankam. Als ich durch die lichten Bäume zum Waldrand lugte, fuhr ein stattlicher, grüner Traktor auf einem Feldweg vorbei. Augenblicklich stiegen in mir der Geruch, die Freude und Sorglosigkeit von früher auf. Ich fühlte mich umhüllt von Frieden, warme Freundlichkeit rieselte auf mich herab. Gleichzeitig wurde es in mir ganz weit und hell. Da war so viel Freiheit, so viel Offenheit. Eine wunderbare Liebe, wie ich sie nicht gekannt hatte, durchströmte mich. Dabei wusste ich: Gott war es, der mich aus meinem so engen, auf Materielles fokussierten Leben in diese Weite herausführte und mich ermutigte, ihm ganz zu vertrauen. So fühlt sich Gott an, dachte ich. Wie sorglose Kindheit und tiefe Freude, aber das mitten in meinem jetzigen Leben.

Im Lauf der Zeit spürte ich, dass ich innerlich ruhiger wurde, wieder die Nächte durchschlafen konnte. Dass ich nach langem, glücklosem Umherirren in der Wüste und durch schlitterndes, staubiges Geröll endlich an einer Art Oase ankam. Es war einfach herrlich. Was ich bei Gott fand, war wie ein blühender, von fröhlichem Vogelgezwitscher erfüllter Garten mit einer Hängematte für mich ganz allein, mit wohltuendem Schatten unter Palmen, einem glitzernden, erfrischenden Pool, genug gegen den Durst und einfach eine lärm- und leistungsfreie Zone. Tausendmal besser als das Segelschiff an der Côte d'Azur!

Ja, zum ersten Mal seit Jahren spürte ich, was ich für immer in meiner Kindheit verschüttet und verloren geglaubt hatte: den tiefen Frieden in meinem Herzen. Ich hatte die „grüne Aue" gefunden, von der es im Psalm 23 heißt, dass Gott, der gute Hirte, seine Schafe dorthin führt und ausruhen lässt. Begeistert kapierte ich, dass dieser Ort nicht nur ab und zu am Sonntag im Gottesdienst seine Tore für mich öffnete oder wenn ich ein ganz besonderes Naturerlebnis hatte, sondern dass ich ihn in mir tragen konnte, weil Gott mir diesen Frieden dauerhaft schenkte. Es war eine Oase zum Mitnehmen, überallhin – meine höchstpersönliche grüne Aue to go. Wow, was für ein Geschenk!

Doch während ich es mir dort gemütlich machte, mich räkelte und auf das glitzernde Wasser schaute, musste ich im nächsten Moment schon lernen, mich in meiner Hängematte gut festzuhalten; denn allzu schnell konnte ich durch aufreibende, herausfordernde Umstände wieder rausfallen. Aufs Neue durchlief ich eine steile Lernkurve und begriff: Es war ein harter Kampf um diesen Frieden und darum, nahe bei Gott und seiner Liebe zu bleiben.

Schmerzlicherweise waren es vor allem Christen, die mir mein neues Leben als brennender Jesus-Nachfolger schwer machten. Wegen meiner Arbeit in der Finanzwelt stempelten mich viele voreilig als Karrieretypen ab, dem es nur um Äußerlichkeiten ging. Das war extrem bitter und verletzend für mich. Gott schenkte mir einen Neuanfang und nahm mich wohlwollend in einen Lernprozess hinein, meine Prioritäten zurechtzurücken und meine Identität auf ein solides Fundament zu stellen. Er gab mir Frieden, das war für mich absolut unglaublich! Aber hier war ich von Menschen umgeben, die mich in meiner Vergangenheit festhielten und nach meiner äußeren Erscheinung beurteilten.

Doch die bedingungslose Liebe Gottes, die mich wie eine Bugwelle erfasst hatte, war stärker. Und ich konnte, was ich bei ihm gefunden hatte, nicht für mich behalten. Voller Begeisterung erzählte ich den Leuten in meinem Umfeld von Jesus, betete für sie, wenn sie etwas bedrückte oder jemand in ihrer Familie krank war. Dass Gott Gebete erhörte, hatte ich ja vor kurzer Zeit mit dem Kniewunder erleben dürfen. Woche für Woche nahm die Zahl der Leute zu, die ich in verschiedene Gottesdienste einlud und die denselben Schatz bei Gott fanden, den ich hatte entdecken dürfen. Auch Marco, einer der Direktoren aus dem Allgemeinen Wirtschaftsdienst, für den ich viel gebetet hatte, fand diese grüne Aue und begann sein Leben aufzuräumen. Ich war überglücklich. Anscheinend konnte mich Gott wirklich gebrauchen, um seine Liebe weiterzutragen.

Doch da wurde der Gegenwind in den Gemeinden noch schärfer. „David ist ein guter Verkäufer und kann halt gut schwatzen", hieß es. „Er überredet die Leute zu Jesus, aber dabei geht es ihm nur um sich selbst!" Oder: „Dave ist ein Player, der allen Frauen schöne Augen macht." Als ich mitbekam, wie man hinter meinem Rücken über mich sprach, wurde mir heiß vor Wut. Wie ungerecht war das denn! Was sollte das? Ging es hier etwa um Konkurrenz oder war Eifersucht im Spiel? Ging es bei Christen nicht darum, hinauszugehen, Menschen von Jesus zu erzählen und so vielen wie möglich die Liebe Gottes nahezubringen?

Erschüttert erlebte ich, wie Gift und üble Nachrede eine Gemeinschaft durchzogen, die eigentlich von Liebe hätte geprägt sein sollen. Leider ging ich zu oft auf Vorwürfe ein, war schwer getroffen, verteidigte oder rechtfertigte mich. Oder ich redete selbst schlecht über andere, was ich heute sehr bedaure. Es ging zu wie auf einem Schlachtfeld, in dem sich die Fronten immer weiter verhärteten. Monatelang weinte ich vor und nach den Gottesdiensten. Für mich waren diese Ablehnung, Verleumdung und gegenseitigen Kampfansagen kaum auszuhalten. Wenn ich wieder einmal Menschen zu Jesus geführt hatte, lud ich sie in die Kirche ein, ohne dass jemand davon erfuhr. Mittlerweile war ich zu vorsichtig geworden und vermied es, weiterhin Missgunst zu provozieren und Öl ins Feuer zu gießen.

Am Ende des Grüne-Aue-Psalms ist die Rede davon, dass Gott uns einen Tisch deckt im Angesicht unserer Feinde. In dieser Zeit – und das ist heute in anderen Bereichen noch genauso – fühlte ich mich, als hätte ich Feinde aus den eigenen Reihen um mich herum. Menschen, die mir nichts Gutes wollten, die mit Neid auf den Segen reagierten, den Gott mir geschenkt hatte. Und genau in einer solchen Situation, sagt der Psalmist, soll ich mich hinsetzen, mir genüsslich die Serviette um den Hals binden, Messer und Gabel nehmen und es mir so richtig schmecken lassen. Gott tischt reichlich auf, er gibt gerne Gutes, teilt Segen aus. Aber schließlich liegt es an mir, trotz dieser feindlichen Atmosphäre die Freiheit zu besitzen, in aller Ruhe zu essen und andere mit dazu einzuladen.

„Egal, wie sehr es stürmt, bleibe am Herz des Vaters."

„Egal, wie sehr es stürmt, bleibe am Herz des Vaters", hatte Anja mir auf die letzte Geburtstagskarte geschrieben. Es stimmte: Nur dort, ganz nah bei Gott, mit ihm am Abendbrottisch, an diesem Ort der Sicherheit, wo es genug für meine Seele gab, konnte ich einen Orkan unbeschadet überstehen. Die Alternative wäre gewesen, wegzulaufen, sowohl von der Front mit einigen Christen als auch vom gedeckten Tisch im Schützengraben. In dieser heftigen Zeit traf ich eine Entscheidung: Ich möchte kein Schlachtfeld jemals verlassen, bevor nicht wieder Frieden eingekehrt ist. Mit Gott an der Seite werde ich die Kraft dazu haben.

Allmählich lernte ich, auf Anklagen oder Unterstellungen nicht mehr mit verletzter Rechtfertigung zu reagieren. Das fiel mir ganz und gar nicht leicht und doch merkte ich, es ist der Schlüssel zur inneren Freiheit. Wo sich jemand von mir verletzt fühlte, entschuldigte ich mich; wo es schlichtweg falsche Behauptungen waren, schwieg ich und verteidigte mich nicht. Wenn es stimmte, wie es in der Bibel stand, dass, nachdem mein Leben Jesus gehörte, er mit seinem Geist in mir lebte und nicht mehr ich, dann bedeutete das auch, dass ich mein Geltungsbedürfnis, meine Selbstgerechtigkeit und Betroffenheit in den Wind schießen konnte. Ich gehörte nicht mehr mir selbst, sondern Jesus. Wenn mir etwas wehtut, folgerte ich, ist noch „zu viel David lebendig", wo eigentlich Jesus lebendig sein sollte. Also lernte ich mühsam loszulassen, was mir vermeintlich zustand, und nicht länger zu beanspruchen, richtig verstanden zu werden.

Es war eine extrem harte, aber prägende und wichtige Schule. Und tatsächlich löste sie auch die schlimmsten Spannungen auf. Diese Weisheit habe ich von meinem Vater gelernt: Wenn sich Druck aufbaut, ist es wie mit zwei Fäusten, die aufeinanderprallen. Reagiert man auf Druck mit Gegendruck, verstärkt sich die angespannte Situation und schaukelt sich hoch. Wenn aber eine Faust sich löst, ist sie offen dazu, die andere zu umfassen, ja, zu umarmen. Dann wird echtes Miteinander möglich.

Rückblickend kann ich tief dankbar sagen, dass inzwischen alle, die so heftig gegen mich geschossen hatten, sich bei mir entschuldigt und wir uns versöhnt haben. Auch ich habe um Verzeihung gebeten für die Fehler, die ich gemacht habe. Ich ehre die Menschen und Leiter, die ich in diesen Churches kennengelernt habe und die immer noch in meinem Leben sind, und habe ihnen verziehen.

So unvollkommen wir als Menschen Kirche auch leben, spielt sie für Gott eine absolut zentrale Rolle. Sie ist „die Braut Christi", wie es in der Bibel heißt, das geliebte Gegenüber, das Gott am Herzen liegt und einen wichtigen Auftrag in dieser Welt ausführen soll. In meinen Augen gilt das für alle Kirchen und ich segne sie für ihre große Aufgabe und Berufung. Seit Jahren gehe ich in jeder Stadt, in die ich reise, in eine katholische Kirche, zünde eine Kerze an und spreche ein Segensgebet für dieses Gotteshaus. Die Gemeinschaft von Christen ist ein Raum, an dem Gott geehrt, aber wo auch jeder Einzelne geschliffen und geprägt wird. Auch ich habe viel von anderen Christen lernen dürfen und Menschen, mit denen ich den Glauben teilen kann, sind mir unschätzbar wertvoll.

Ein riesiges Geschenk war für mich, dass ich in einer Gemeinde Diego kennengelernt habe. Bei einem der ersten Male im Gottesdienst kam dieser gut aussehende Typ mit schwarzem Haar und unglaublich starken Armen direkt auf mich zu und hieß mich willkommen. Bei ihm spürte ich sofort, dass er mich ohne Vorurteile annahm und mich nicht auf meine Vergangenheit oder meinen Anzugstyle reduzierte. Die Offenheit, mit der er mir begegnete, faszinierte mich. Bald trafen wir uns auch außerhalb der Kirche, redeten stundenlang über Gott und die Welt, verbrachten Sommernächte in Bars oder werkelten zusammen in der Küche. Zu unserer riesigen Freude hatten wir beide unsere gemeinsame Leidenschaft für gutes Essen, Grillen und Kochen entdeckt.

Beide brannten wir dafür, dass Menschen außerhalb der Kirchen die geniale Nachricht von der Liebe Gottes erfahren. Wenn wir abends ausgingen, entschieden wir, uns nicht zu betrinken, sondern offen zu sein für Leute, die uns über den Weg liefen. Mit der Zeit waren wir bekannt als die beiden Schönlinge, mit denen man super quatschen, die man aber nicht mit nach Hause nehmen konnte. Dieser unzweideutige Ruf gefiel mir.

Diego und mir war es auch ein Anliegen, dass sich jemand um die Menschen kümmerte, für die der Glaube und die Sache mit Gott noch ziemlich frisch waren. So gründeten wir nach einiger Zeit eine Welcome-Group, die sich immer montagabends traf. Mit ihren Fragen hatten die Newcomer der Gemeinde hier eine Anlaufstelle und konnten die Basics des Glaubens lernen. Was ich selbst von Gott erfahren hatte, wollte ich ihm unbedingt nachmachen: Menschen ohne Vorbehalte anzunehmen und zu lieben. Jemanden, der mit Jesus einen Neustart wagte, nicht im Vergangenen festzuhalten, sondern mit Gottes Augen zu sehen, war mir extrem wichtig geworden. Dann konnte mit Jesus langsam ein Prozess der Veränderung folgen. Aber die Veränderung ist nicht Bedingung. Nein, die Liebe ist bedingungslos und geht immer vom Besten im anderen aus. So ist Gott und das wollte ich weitergeben. Waren die jungen Christen dann ungefähr ein halbes Jahr dabei, wechselten sie in eine der bestehenden Kleingruppen der Church, die sich unter der Woche zum Austausch und zum Bibellesen trafen.

> **Was ich selbst von Gott erfahren hatte, wollte ich ihm unbedingt nachmachen: Menschen ohne Vorbehalte zu lieben.**

Einmal hörte ich einen Mann, Dominic, predigen, der mich mit seiner Geradlinigkeit und seinem Bibelwissen total vom Hocker riss. Einige Wochen später drängte es mich, ihn einmal anzumailen. Prompt lud er mich zu sich nach Hause zum Essen ein. Mit seiner Frau Davina zusammen – und inzwischen drei Kindern – lebt er in Mettmenstetten, etwa eine Stunde von Feuerthalen entfernt. Dort bewirtschaftet er einen Bauernhof, was ich ganz besonders genial fand. Als ich auf seinem Hof parkte und ausstieg, schloss ich unwillkürlich die Augen und sog den herben Duft der Kühe tief ein. Inwil, Rolfi, frühmorgens im Stall, die dampfenden, kauenden Tiere – in diesem Moment kamen all die schönen Erinnerungen in mir hoch und Wärme breitete sich in meinem Körper aus. Da trat Dominic aus dem Haus und führte mich strahlend in die große Bauernküche, wo er mir etwas zu trinken anbot. Ich schwelgte in Gedanken an meine Kindheit und strahlte übers ganze Gesicht.

Bei leckerem Essen tauschten wir uns über den Glauben aus und spürten sofort, dass wir auf einer Wellenlänge lagen. Mich faszinierte, wie praktisch und ohne Umschweife Dominic Nächstenliebe lebte. Mit Hingabe und viel Geduld begleiteten er und Davina Menschen, die durch schwierige Zeiten gingen und kämpften, sei es in herausfordernden Lebenssituationen oder mit irgendwelchen Süchten. Dabei behielten sie immer eine bemerkenswerte Klarheit und teilweise auch Strenge. Am Ende unseres Gesprächs fragte Dominic: „Sag mal, David, du bist mit deinem Audi R8 gekommen. Ich wollte schon lang mal mit so einem Sportwagen eine Runde drehen. Wollen wir?" Ich lachte auf. Na klar! Mir dämmerte, dass das der eigentliche Anlass für seine Einladung gewesen war. Dominics Augen leuchteten vor Leidenschaft, aber jetzt galt die Freude meinem im Hof parkenden anthrazitfarbenen Coupé. Also zogen wir unsere Jacken an und fuhren eine Runde. Dominic freute sich wie ein Kind.

Aus diesem Treffen entwickelte sich zwischen uns eine tiefe Freundschaft, die bis heute eine der wichtigsten für mich ist. Fast täglich telefonieren wir, ermutigen uns, beten füreinander und wissen einfach, was beim anderen gerade los ist und was ihn bewegt. Leute wie Dominic zu kennen, ist echt ein Geschenk. Es ist einfach unmöglich, im Glauben zu wachsen und voranzukommen, wenn man es allein versucht. Genau das ist für mich gelebte Church. Warme Kuhmilch und eine Spritztour im Sportwagen sind angenehme Nebeneffekte.

Je größer die Rolle wurde, die Jesus für mich spielte, desto wichtiger wurde mir, seinem Vorbild nachzueifern und mein ganzes Leben nach ihm auszurichten. Ich wollte Jesus ähnlicher werden, liebender, selbstloser. Für andere wollte ich mich investieren, meinen Glauben mit ihnen teilen, für sie da sein. Deshalb kam auch die Frage in mir auf, was ich mit meinem Leben anfangen sollte.

Wollte Gott, dass ich in meinem Job blieb? An meinem Arbeits-
platz redete ich mit vielen Kollegen über Jesus und einige gingen
mit in die Kirche. Meinen Job mochte ich und war darin erfolgreich. Aber was, wenn Gott etwas anderes mit mir vorhatte? Diese
Frage trieb mich um und ich konnte sie nicht leicht beantworten.
Als ich sonntags wieder einmal im Gottesdienst war, betete ich still
auf meinem Platz: „Gott, wenn du nicht willst, dass ich weiterhin
beim Allgemeinen Wirtschaftsdienst bleibe, dann zeig es mir. Gib
mir in den nächsten zwei Wochen ein klares Zeichen." Dann wartete ich ab.

Nach sieben Tagen kam mein Chef ohne Vorwarnung in mein
Büro. Überrascht sah ich vom Computer auf. Er musterte mich aufmerksam und legte wortlos ein Papier vor mir auf den Tisch. Als
ich auf den Schrieb blickte, las ich die Überschrift „Kündigung". Wie
bitte? Ungläubig lachte ich in mich hinein – ich war mit Abstand
sein bestes Ross, das wussten wir beide. Mit ernster Miene schaute
ich ihm in die Augen und sagte: „Danke schön!" Da wurde mein
Chef bleich: „Du spinnst doch, David! Ich wollte dich bloß testen. Ich
hatte in letzter Zeit den Eindruck, du identifizierst dich nicht mehr
so mit deiner Arbeit und jagst anderen Möglichkeiten hinterher."
„Das stimmt, ja", erwiderte ich wahrheitsgetreu. Gott sei Dank hatte
ich meinen Wert in den vergangenen Monaten immer seltener mit
meiner Leistung und meinem Kontostand verwechselt. Es war wie
eine Befreiung. Entschlossen zückte ich meinen Füller und unter-
schrieb den Wisch vor den Augen meines völlig perplexen Chefs.
Fassungslos stand er einige Momente vor mir und blickte mich
stumm an. Dann nahm er die Kündigung in die Hand, drehte sich
um und verließ kopfschüttelnd mein Büro.

Mich überrieselte ein Gänsehautschauer. Wie krass war das denn,
bitte schön? Gott hatte ja Methoden! Ich konnte es nicht fassen,
was sich hier gerade abgespielt hatte. Aber schließlich hatte ich ihn
um ein klares Zeichen gebeten. Also begann ich langsam meine
Sachen zu packen. Mit meinen paar Habseligkeiten, die ich in einem Karton verstaut hatte, und dem Aktenköfferchen in der Hand
schloss ich ein letztes Mal die Bürotür hinter mir und verabschie-

dete mich von meinen Kollegen. Ohne mich noch einmal umzusehen, lief ich zum Aufzug.

Gott sei Dank hatte ich meinen Wert in den vergangenen Monaten immer seltener mit meiner Leistung und meinem Kontostand verwechselt. Es war wie eine Befreiung.

So sehr ich davon überwältigt war, wie deutlich Gott gesprochen hatte, so traurig war ich doch auch zu gehen. Ein bisschen fühlte es sich so an wie auf einem glatten, zugefrorenen See, ohne Halt und mit der Unsicherheit, ob die Eisschicht überhaupt dick genug war. Von heute auf morgen war ich arbeitslos, hatte alles gekappt, was bis vor Kurzem noch mein Leben bestimmt und mir viel Halt und Sinn gegeben hatte. Selbst wenn die Prioritäten in dieser Branche teilweise am falschen Ort waren oder Gier und Geld regierten, so hatte ich hier doch enorm viel gelernt. Dafür war ich dankbar. Mein Chef hatte mich sehr geschliffen und geprägt und die vielen guten Gespräche mit ihm schätzte ich. Darüber hinaus hatte ich tolle, wertvolle Freunde gefunden und ohne Frage Momente erlebt, an die ich mich gerne erinnerte. Durch die zahlreichen Erstkontakte in der Beratung, die ich gegen Ende vor allem zu Familien hatte, konnte ich viel Menschenkenntnis erwerben und finde dadurch jetzt zu den unterschiedlichsten Leuten schnell Zugang. Ja, es war auch eine bereichernde und schöne Zeit gewesen und ich bin sicher, dass Gott mich auch in der Finanzwelt hätte behalten und gebrauchen können. Mit den Prioritäten am richtigen Fleck und einer festen Identität in ihm. Doch vermutlich war diese Zäsur für mich und meinen Prozess wichtig.

So verließ ich das Unternehmen und wusste nicht, was werden würde. Einige Tage hing ich zwischen Unsicherheit, Trauer über den Verlust, Vorfreude und offenen Fragen in der Luft. Doch obwohl ich keinen Finger krumm machte, flatterten innerhalb der nächsten sieben Tage sieben Jobangebote bei mir rein. Dass David Togni „frei" war, hatte sich in der Branche wie ein Lauffeuer herumgesprochen und so hagelte es Anfragen. Schließlich nahm ich einen anderen Job in der Finanzbranche an, hörte dann aber nach ein paar Monaten ganz damit auf.

Es gab noch andere Bereiche in meinem Leben, bei denen ich spürte, dass sie eine radikale Veränderung brauchten. Ich war immer noch mit Prisca zusammen. Unsere Beziehung wurde zunehmend schwierig und konfliktreich, auch weil ich mich nach Reinheit sehnte und mein Leben aufräumen wollte. Nach viel Gebet merkte ich, ich brauchte hier einen klaren Schnitt, um wirklich weitergehen zu können. Allerdings war ich nicht darauf vorbereitet, dass es so hart werden würde. Erst als ich Prisca eröffnete, dass ich Schluss mache, wurde mir klar, wie tief ich sie damit verletzte und wie sehr ich selbst an dieser Frau hing. Es brach uns beiden das Herz, doch ich wusste, es ist der richtige Schritt, ich muss das jetzt durchziehen. Nach stundenlangem Weinen und Reden setzte ich mich erschöpft in meinen Wagen und fuhr davon. Ich konnte nicht mehr.

Als ich völlig aufgelöst zu Hause ankam, war es drei Uhr morgens. Innerlich leer und wie gerädert schleppte ich mich in mein Zimmer, warf mich aufs Bett und schluchzte wie ein Schlosshund. Warum tat es nur so unglaublich weh? Unter Tränen fiel ich auf die Knie und schrie stundenlang zu Gott: „Ich vertraue dir! Es ist gut, da muss ich jetzt durchgehen. Ich vertraue dir!" Dann legte ich beruhigende Musik ein und versuchte meine Gedanken auf Gott auszurichten. Mir war klar, ich brauchte einen krassen Cut, anders würde ich die Entscheidung nicht durchziehen können.

Noch in derselben Nacht plante ich meinen Auszug von zu Hause. Ja, ich musste weg aus Kirchberg, weg von all dem hier. Mit diesem Gedanken hatte ich schon in den vergangenen Wochen gespielt und online nach Wohnungen geschaut. Ein Apartment in Feuerthalen, nicht weit weg von Schaffhausen, wo Mario wohnte, passte ganz gut. Dort rief ich gleich am nächsten Tag an und machte meinen Einzug fix. Dann buchte ich schnell einen Umzugswagen und begann meine Sachen zu packen und die Möbel auseinanderzubauen. Die ganze Zeit lief Lobpreismusik und immer wieder rollten mir Tränen übers Gesicht. Wenn mir etwas in die Finger kam, das mir Prisca geschenkt hatte oder das mich an sie erinnerte, warf ich es weg. Eine Radikalkur, die mir bei jedem Souvenir das Herz zerriss. Sieben Jahre Beziehung war eine lange Zeit.

Früh am darauffolgenden Morgen fuhren Papa und ich mit gepacktem Lkw von Kirchberg ab. Anjas Ähre, die ich gleich als Erstes behutsam in ein Etui gelegt hatte, steckte sicher in meiner Jackentasche. Als Prisca nicht lange danach bei meinen Eltern klingelte, öffnete ihr Mama. Selbst noch völlig überrumpelt von meinem überstürzten Auszug, überbrachte sie meiner langjährigen Freundin die Nachricht, dass ich nicht mehr hier wohnte.

Mir war klar gewesen, ich musste alle Brücken abbrechen, doch dass es auch für mich so schlimm werden würde, hätte ich nicht gedacht. Noch wochenlang weinte ich jede Nacht. Am schlimmsten war für mich, dass ich einem nach wie vor wunderbaren Menschen, der mir so vertraut war und viel bedeutete, schmerzlich wehgetan hatte. Noch dazu hatte ich in einer Nacht- und Nebelaktion mein Elternhaus verlassen, was auch für meine Eltern sehr plötzlich und schwer war. Gerade weil ich das letzte Kind war, das nun ging. Ich fühlte mich schlecht und allein.

Nicht viel später stürzte ich mich in eine neue Beziehung. Doch ich hatte innerlich weder mit Prisca richtig abgeschlossen noch mit meinem alten Lebensstil. So vieles gab es noch aufzuarbeiten. Das betraf mich und auch meine neue Freundin; es konnte gar nicht gut gehen und war eine schmerzhafte Geschichte. Auch diese Beziehung zerbrach bald.

Meine Eltern besuchten Mario und mich regelmäßig in Feuerthalen und Schaffhausen und begleiteten uns auch in die Schaffhauser Church. Wir genossen es, als Familie nun wieder zusammen zur Kirche zu gehen, zu beten und den Glauben zu teilen. In den Jahren nach Anjas Tod war diese gemeinsame Basis zerfleddert worden. Nun verband sie uns alle wieder, was uns als Familie enger zueinanderbrachte. Wir öffneten uns stärker und waren füreinander da.

Doch die nächste Herausforderung ließ nicht lange auf sich warten.

Eines Tages spürte ich starke Schmerzen in der Lunge. Nachts fing ich an, viel und heftig zu husten, teilweise auch Blut. Das machte mir Angst, etwas stimmte da nicht. Also ging ich zum Arzt, der mich durchcheckte und auch meine Lunge röntgte. Angespannt saß ich in seinem Sprechzimmer. Der Mediziner heftete die Bilder an die Lichttafel und schaute sie einen Moment lang schweigend an. Dann runzelte er die Stirn, wies mit seiner Hand auf eine dunkle Fläche vor den Rippenbögen und sagte: „Herr Togni, hier ist ein bedenklicher Schatten auf Ihrer Lunge." Erschrocken fragte ich: „Und was heißt das? Habe ich Krebs?" Der Mann in Weiß erwiderte: „Möglicherweise ist es ein Tumor. Dazu müsste man weitere Untersuchungen durchführen."

> „Herr Togni, hier ist
> ein bedenklicher Schatten
> auf Ihrer Lunge."

Bedrohlich begann der Boden unter meinen Füßen zu wanken, ich war wie vor den Kopf gestoßen. Blühte mir mit meinen 22 Jahren etwa ein langer Krankenhausaufenthalt oder eine grässliche Chemo? Hatte ich gerade nicht genug Stress am Hals mit all den Umbrüchen im Job, in Beziehungen und mit meinem Auszug von zu Hause? O Gott – und wie würden Mama und Papa die Nachricht aufnehmen? Noch ein Kind zu verlieren, würden sie nicht verkraften, da war ich sicher. Warum ließ Gott das jetzt auch noch zu? Hatte unsere Familie nicht schon genug erlebt? Das konnte doch nicht wahr sein, dass Gott, zu dem ich gerade zurückgefunden hatte, mein Vertrauen noch einmal so erschütterte!

Irgendwie fand ich den Weg aus der Praxis heraus und zu meinem Auto. Auf der Fahrt nach Hause beschloss ich, meinen Eltern nichts von meiner Diagnose zu sagen; diesen Schmerz wollte ich ihnen unbedingt ersparen.

Nicht weit von meiner Wohnung in Feuerthalen war ein Hügel im Wald, wohin ich oft zum Beten ging. Dorthin zog es mich jetzt. Ich brauchte einen klaren Kopf, ungestörte Zeit mit Gott. Natürlich schüttete es wieder, als ich bedrückt den ansteigenden Weg entlangstapfte. Da stand ich nun zehn Jahre später – wieder auf einem Berg, wieder im Regen, und verstand Gott nicht mehr. Unschlüssig blickte ich in den trüben Himmel über mir. Gerade rissen die Wolken auf und ein Sonnenstrahl fiel direkt vor mir auf den Boden. Dort kniete ich mich hin und fragte einfach nur: „Und was ist jetzt, Gott?"

Aufmerksam lauschte ich. Das regelmäßige leise Rauschen des Regens nahm wieder zu. Da hörte ich, wie Gott mit klarer Stimme sagte: „Vertraust du mir diesmal oder läufst du wieder davon?" Ich schluckte unwillkürlich. Mir war sofort klar, was das zu bedeuten hatte. Die Parallele zu Anja war eindeutig. Damals auf dem Berg hatte ich Gott weggeschickt, weil ich ihm in all dem Schmerz nicht mehr vertrauen konnte. Jetzt stand ich erneut vor der Entscheidung. Nach kurzem Zögern warf ich all meinen Glauben in den Ring und erwiderte leise: „Ich will dir vertrauen, Gott!" Während ich noch auf dem nassen Waldboden kniete, erfüllte mich eine schwindelerregende Schwerelosigkeit, ein übernatürlicher Frieden, wie ich ihn nie zuvor erlebt hatte. Er machte mich stark. Ja, egal was kommen würde, Gott war gut und ich wollte meine Hoffnung auf ihn setzen.

Als Mama mich am nächsten Tag besuchte, sah sie einen roten Fleck auf meinem Kopfkissen und fragte: „David, ist das Blut? Ist alles in Ordnung mit dir?" Da spürte ich, ich muss es ihr jetzt sagen. „Mama, ich war beim Arzt, es besteht der Verdacht auf einen Tumor in der Lunge", brachte ich hervor. Bestürzt sah sie mich an, nahm mich in die Arme und weinte. „Gott, das kannst du doch nicht machen, dass jetzt etwas mit David ist!", stieß sie hervor. Traurig hielten wir uns aneinander fest.

Doch mit einem Mal, wie aus heiterem Himmel, flammte Hoffnung in Mama auf. Schnell rief sie Papa und Mario an, dass sie gleich herkommen sollten. Keine Stunde später saßen wir als Familie zusammen in meinem Wohnzimmer und beteten dafür, dass Gott mich gesund machte. Unter Tränen flehten wir ihn an, unsere Familie vor einer weiteren Katastrophe zu bewahren. Anschließend setzte sich Papa an den Computer und trommelte über Bekannte und Freunde in der ganzen Schweiz einen Gebetskreis zusammen, der für mich und meine Heilung betete. Dann sagte Papa entschlossen: „David, lass uns noch mal zum Arzt gehen und einen weiteren Check machen."

Nur drei Tage nach der Diagnose saß ich also mit Papa im Sprechzimmer desselben Arztes. Gerade waren neue Röntgenbilder gemacht worden. Mit geübten Handgriffen steckte der Doktor die Bilder an die Leuchttafel und betrachtete sie lange. Ohne ein Wort zu sagen, starrte er auf die schwarz-weißen Aufnahmen. Dann eilte er stumm aus dem Sprechzimmer hinaus. Papa und ich verstanden die Welt nicht mehr. Verdattert schauten wir uns an. Was war denn mit dem los? In diesem Moment öffnete sich die Tür wieder und der Mediziner trat erneut ein. Als könne er selbst nicht glauben, was er da sagte, brachte er knapp hervor: „Alles weg, alles gut." Kopfschüttelnd und ohne ein weiteres Wort verließ er den Raum.

Mit großen Augen drehte ich mich zu Papa um und fragte: „Im Ernst jetzt? Papa, ist das wirklich so?" Er nickte lächelnd und drückte meine Schulter. Woher nahm er bloß seine Gewissheit? Ungläubig schaute ich noch einmal auf das Röntgenbild, das schön die Knochen meines Brustkorbs zeigte. Dann eröffnete mir Papa, dass er schon in der Nacht zuvor, als er noch einmal intensiv für meine Heilung gebetet hatte, von Gott gehört hatte: „Alles ist erledigt." Mich fror es am ganzen Körper. Das war doch unglaublich, absolut unglaublich! Tausend Ameisen schienen durch meinen Bauch zu kribbeln, während wir darauf warteten, dass der Arzt zurückkommen würde. Doch er tauchte nicht wieder auf. Schließlich standen wir auf und fragten beim Empfang nach, wo der Doktor abgeblieben sei. „Der ist längst beim nächsten Patienten", antwortete die Sprechstundenhilfe und zuckte mit den Schultern.

Das kam mir so komplett unwirklich vor. Doch alle Schmerzen waren von jetzt an wie weggeblasen und ich hustete kein Blut mehr. Alles war wieder normal. Ich war gesund!

Diesmal war es gut ausgegangen. Doch selbst wenn sich der Verdacht auf einen Tumor bewahrheitet hätte, war in diesen Tagen etwas ganz Entscheidendes passiert. In einer existenziellen Krise hatte ich mich diesmal dafür entschieden, Gott zu vertrauen. Ich hatte daran festgehalten, dass Gott gut ist, was auch immer passieren würde. Mein Glaube hatte dort auf dem Berg einen ganz tiefen Anker geworfen. Damit ich, egal wie sehr es auch stürmte, nah am Herz des Vaters bleiben konnte und nicht fortgespült wurde.

Damals ahnte ich noch nicht, wie dringend ich diesen Anker bald brauchen würde.

9

MORPHIUM UND CORTISON

Die Sonne wirft ihre Strahlen durch mein Fenster. Ich blinzele ver-
schlafen. Ein neuer Tag wartet. Mit Schwung richte ich mich auf,
drehe mich zur Bettkante und springe aus den Federn. Doch bevor
ich richtig zum Stehen komme, klappen meine Beine weg und ich
knalle völlig unvermittelt auf den Boden.

Mit schmerzverzerrtem Gesicht versuche ich wieder aufzuste-
hen. Aber meine Beine – ich spüre sie nicht mehr, kann nichts
mehr bewegen, nicht einmal meine Zehen! Auf meine Ellenbo-
gen gestützt, blicke ich verstört an mir herunter. Ja, die Beine sind
zwar noch da, aber sie liegen auf dem Fußboden, als gehörten sie
nicht zu meinem Körper. Vorsichtig richte ich meinen Oberkörper
auf und lehne mich stöhnend ans Bett. Mit meinen Händen mas-
siere ich die Schenkel, versuche zu ertasten, ob irgendwo Gefühl
ist. Doch ich spüre nur, wie meine Finger fremdes Fleisch kneten.
Meine Beine senden null Reaktion über die Nerven. Panik steigt in
mir auf. Bin ich etwa gelähmt? So einfach von einem Moment auf
den anderen?

Was jetzt? „Gott, hilf mir, lieber Vater im Himmel!", versuche ich
zu beten, während in meinem Kopf die Gedanken rasen. In den
vergangenen Monaten hatte ich immer mal wieder heftige Rückenschmerzen, teilweise so stark, dass ich die Treppe zu unserer Wohnung im ersten Stock fast nicht hochgekommen wäre. Auch meine
Eltern, mit denen ich hier in Feuerthalen inzwischen wieder zusam-
menwohne, machen sich große Sorgen deswegen.

„Mama!", rufe ich mit erstickter Stimme. „Bist du da?" Erschrocken kommt meine Mutter aus dem Badezimmer angelaufen und
schlägt die Hände über dem Kopf zusammen, als sie mich hilflos
und mit panisch aufgerissenen Augen auf dem Boden sitzen sieht.

„O Gott, David, was ist passiert?" Mit bleichem Gesicht hört sie mir zu und blickt entsetzt auf meine Beine. „Kommt das von deinem Rücken? Ist vielleicht ein Nerv eingeklemmt?" Sie hockt sich zu mir auf den Boden und wir beten erst einmal zusammen. Die Gefühllosigkeit in meinen Beinen verschwindet für einen kurzen Moment, es kribbelt überall. Doch nach wenigen Augenblicken ist wieder alles wie betäubt. Wir beschließen, direkt zum Arzt zu fahren. Als das Gefühl wieder ein wenig zurückkehrt, stehe ich, von Mama gestützt, vorsichtig auf, skeptisch, ob meine Beine mich diesmal wirklich tragen werden. Wie in Zeitlupe schlurfe ich Schritt für Schritt aus der Wohnung. Im Treppenhaus umklammere ich das Geländer und bewege mich unter Anspannung und Schmerzen langsam hinunter in den Hof, wo ich mich erschöpft ins Auto fallen lasse. Ich schließe die Augen, als Mama das Auto startet.

Wie bei einem Déjà-vu sitze ich also kein Jahr später wieder bei meinem „Tumorarzt" im Wartezimmer. Diesmal mit Mama neben mir. Als er meine Geschichte hört, blickt er mich wie damals mit besorgtem Blick an. Nach einigen Untersuchungen vermutet der Mediziner schließlich, dass es etwas Größeres sein muss, und überweist mich ins Krankenhaus. Ich werde gleich für einige Wochen dabehalten und durchlaufe einen Marathon an Checks und Tests. Mir wird Rückenmark entnommen, man steckt mich in die Röhre und durchleuchtet meinen Körper, es gibt immer wieder Gefühls- und Krafttests mit meinen Beinen, verschiedene Neurologen prüfen meine Nerven. So werde ich im Rollstuhl von einer Untersuchung zur nächsten gefahren. Doch die Ärzte finden nichts Stichhaltiges. Am Ende habe ich fünf Diagnosen, aus denen ich auswählen kann – die Ärzte sind sich nicht einig und fast jeder vermutet eine andere Ursache. Meine Schmerzen im Rücken, die oft bis in die Beine ausstrahlen, sind dagegen total real, daran gibt es nichts zu deuten. Mein Kreuz quält mich so sehr, dass es ohne Medikamente absolut nicht auszuhalten ist. Immer wieder muss ich im Rollstuhl sitzen oder mich auf einen Rollator stützend fortbewegen, weil die Lähmungen völlig unberechenbar immer wieder kommen und gehen und auch mein gesamtes rechtes Bein höllisch wehtut.

Verrückterweise hatte ich keine Angst in dieser Zeit. Natürlich vermisste ich es, jetzt wo der Frühling kam, nicht am schönen Rhein spazieren gehen zu können, sondern stattdessen hier im desinfizierten Spital herumzuhängen. Auch dass ich so ausgebremst war, kaum mehr gehen und vor allem keinen Sport treiben konnte, setzte mir zu. Doch ich wusste, ich bin komplett auf Gott angewiesen, in allem, was mit meinem Leben passiert. Er hat alles in der Hand, davon war ich zutiefst überzeugt. Dieses Wissen hüllte mich in einen Frieden, der nur dann brüchig wurde, wenn ich bemerkte, wie meine Familie und meine Verwandten traurig waren und litten. Sie bekümmert zu sehen, besorgte mich am meisten. Vor allem, da sich die Ungewissheit hinzog und niemand mit Sicherheit feststellen konnte, was mir fehlte und was man tun konnte.

Schließlich kamen die Ärzte zu dem Schluss, dass bei mir alles psychischer Natur sein müsse. Wo es keine klaren Ergebnisse gab, blieb immer noch die Seele. Die konnte man ja nicht so gut röntgen. Selbst als ein Neurologe mich untersuchte und mir versicherte, dass meine Schmerzen nicht allein psychisch bedingt seien, gab es viele, die weiterhin davon überzeugt waren, dass man mich körperlich nicht behandeln könne.

Meine Eltern besuchten mich täglich im Spital. An einem lauen Aprilabend zog es uns hinaus auf den Balkon. Da auf meine Beine kein Verlass war, schob ich einen Rollator vor mir her, mit dem ich mir wie mindestens 85 vorkam. Als wir die Tür nach draußen öffneten, wehte uns ein milder Wind entgegen, es duftete nach Frühling. Sofort erfasste uns eine Leichtigkeit, wir lachten viel und unsere Gespräche drehten sich um heitere Dinge. Da gesellte sich eine ältere Dame zu uns. Bald fing sie an, uns ihr Leid zu klagen, und weinte verzweifelt. Mama wandte sich ihr zu und sprach mit ihr, doch sie war untröstlich und ohne jede Hoffnung. Ehrlich gesagt nervte mich ihr Jammern ein wenig und ich blödelte weiter mit Papa herum.

Später tat mir das sehr leid, schließlich gab es immer Hoffnung, für jeden und in jeder Situation.

In der darauffolgenden Nacht wachte ich auf. Es war noch stockdunkel und der Blick auf mein Handy sagte mir, dass es drei Uhr war. Plötzlich hatte ich den starken Eindruck, dass ich jetzt auf den Balkon gehen solle. Keine Ahnung, warum. Aber inzwischen hatte ich gelernt, solchen Impulsen zu folgen. Selbst wenn sie nicht viel Sinn ergaben und vor allem, wenn meine Bequemlichkeit ganz klar sagte: „Nein, das ist doch Quatsch! Bleib liegen!" Also zog ich mir meinen Kapuzenpulli über, umfasste die Griffe meines super Rollators, rollte leise an meinem Zimmernachbarn vorbei auf den Gang hinaus und schob mich den Flur hinunter bis zur Balkontür. Im schwachen Schein des Außenlichts erkannte ich die schattigen Umrisse einer zierlichen Person, die zusammengekauert und mit bebenden Schultern an der Brüstung stand. Ich trat zu ihr hinaus und erkannte die ältere Dame vom Abend zuvor. Sie stützte sich aufs Geländer und weinte verzweifelt.

Als ich sie ansprach, wandte sie mir verwundert ihr tränennasses Gesicht zu. „Was macht Sie so unglücklich?", fragte ich. Dankbar begann sie, mir ihre Krankengeschichte zu erzählen, von ihrer völligen Mutlosigkeit und dem Hadern mit dem Schicksal. Es war offensichtlich, dass sie in einer tiefen Depression steckte und drohte, in einer Spirale von Selbstmitleid und Verzweiflung immer weiter nach unten gezogen zu werden. Während ich ihr zuhörte, betete ich im Stillen. Schließlich begann ich zu reden. Dass ich an Jesus glaube und er immer gut ist, dass er unser Leben in der Hand hält und uns die Kraft gibt, auch durch dunkle Zeiten zu gehen. Dass es bei ihm immer Grund zur Hoffnung gibt und er heilen kann, auch heute. Dann fragte ich: „Kann ich für Sie beten? Mit Sicherheit ist das das Wirkungsvollste, was ich für Sie tun kann." Sie stimmte gleich zu und ich bat Jesus für sie um Kraft, Hoffnung und Heilung.

Nach dem Amen blickte sie mich dankbar an. Ihr Körper stand aufgerichtet vor mir und ein Glanz huschte über ihre Stirn. Dann fuhr ich fort: „Wissen Sie, ich bin nicht immer da, um für Sie zu beten. Aber Sie können Jesus in Ihr Herz einladen. Dann haben

Sie selbst jederzeit die Möglichkeit, mit ihm zu sprechen und diese Kraft zu empfangen, die Sie gerade erlebt haben." O ja, das wollte sie. Seit so langer Zeit hatte sie zum ersten Mal wieder Freude und Zuversicht in sich gespürt. Diesen wunderbaren Gott, der ihr das geben konnte, wollte sie immer bei sich haben. Also sprach sie ein schlichtes Gebet und bat Jesus, in ihr Leben zu kommen. Danach blickte sie mich dankbar an und lächelte.

Als wir wieder auf der Station waren und ich sie dort im hellen Flurlicht sah, glaubte ich meinen Augen kaum. Ihr Gesichtsausdruck hatte sich völlig verändert, keine Spur der Depression mehr in ihren Zügen. Sie strahlte und sah mindestens zehn Jahre jünger aus. Aus einem tiefen Frieden heraus verabschiedete sie sich freudig mit: „Gute Nacht, Engel!"

„Sie ist wie ausgewechselt! Sie sagt, das warst du, ihr Engel."

Am nächsten Morgen, als ich aus meinem Dämmern erwachte, standen drei Krankenschwestern um mein Bett herum. „David, was hast du mit der älteren Dame gemacht?", fragten sie mit einer Mischung aus Verwunderung und Heiterkeit. „Sie ist wie ausgewechselt und so fröhlich! Sie sagt, das warst du, ihr Engel." Die jungen Frauen kicherten. Grinsend antwortete ich: „Ich habe einfach mit ihr gebetet." Im Stillen dachte ich mir noch: und bin mitten in der Nacht einer verrückten Stimme gefolgt, obwohl ich lieber im Bett geblieben wäre ...

In meinen drei Wochen im Krankenhaus fand man zwar keine eindeutige Ursache für meine Beschwerden, aber man gab mir immerhin starke Opiate, die den Schmerz linderten. Eines Nachts wachte ich mit rasendem Herzen auf und bekam keine Luft mehr. Panisch setzte ich mich im Bett auf und japste hastig. Meine Halsmuskeln begannen sich zu verkrampfen. „Sauerstoff, o Gott, Sauerstoff!" In Todesangst drückte ich auf den roten Knopf am Bett. Die Nachtschwester kam herbeigeeilt und schloss mich sofort an den

Sauerstoff an. Offenbar hatte ich eine Überdosis an Medikamenten verabreicht bekommen.

Als der Notfallarzt kam, redete er beruhigend auf mich ein. Er war einer von denen, die fest davon überzeugt waren, dass ich mir meine Schmerzen nur einbildete. Nachdem ich wieder einigermaßen zu Atem gekommen war, packte er mich am Arm und sagte: „Kommen Sie, wir gehen ein paar Schritte!" „Das geht nicht, ich spüre meine Beine nicht", protestierte ich schwach, aber da hatte er mich schon aus dem Bett gerissen. Er wollte testen, ob ich nicht doch gehen konnte, wenn es darauf ankam. Sofort gaben meine tauben Glieder nach und ich knallte schutzlos der Länge nach hin, voll aufs Gesicht. Hier lag ich nun auf dem kalten Boden, komplett hilflos und nicht mehr Herr über meinen Körper. Jetzt konnte sich mein Zimmernachbar, der durch den Notfall aus dem Schlaf gerissen worden war und die Szene beobachtet hatte, nicht mehr beherrschen. Wütend schrie er den Arzt an, er solle mich gefälligst ernst nehmen. Hektisch half mir der Mediziner wieder auf und hievte mich zurück ins Bett.

Als ich wieder in meinen Kissen lag und der Arzt die Tür hinter sich geschlossen hatte, liefen mir Tränen übers Gesicht. Hier im Spital sollte mir geholfen werden, doch man glaubte mir nicht. Eben noch hatte ich in Todesangst um Atem gerungen und jetzt ließ mich einer der Ärzte einfach fallen. Verzweiflung und Hilflosigkeit breiteten sich aus; mir war unbegreiflich, warum mir jemand unterstellte, ich würde mir dieses Leiden einbilden. In diesem Moment zerbrach etwas in mir.

Am nächsten Morgen rief ich gleich Papa an. Ohne mit der Wimper zu zucken, kam er mich sofort abholen. Dann machten wir eine Klinik in Zürich ausfindig, wo ich weiter behandelt wurde. Dort erhielt ich nach einigen Checks die Diagnose: Discushernie. Ein Bandscheibenvorfall also – und das mit meinen 23 Jahren? Es war unfassbar. Wir versuchten es erst mit einer Spritzentherapie, bei der ich jede Woche eine Injektion in den Rücken bekam. Doch es half nichts, weiterhin hatte ich wahnsinnige Schmerzen, die in die Beine ausstrahlten und die sich auch immer wieder mit Lähmungen abwechselten. Schließlich wurde ein OP-Termin vereinbart. Drei

Tage vor dem Eingriff erhielt ich eine Mail vom Krankenhaus, in der mir der Oberarzt eröffnete, dass er zu meinem Termin nicht da sei und der Assistenzarzt operieren werde. Ich flippte total aus. „Nein, danke! An meinen Rücken lasse ich keinen Assistenzarzt!" Das war doch unmöglich! Begriff denn hier niemand, wie schlecht es mir ging und wie viel von dieser Operation abhing? Kurzerhand sagte ich den OP-Termin ab.

Und was jetzt? Als ich mich mit meinen Eltern beriet, kam Mama eine Idee. Schnell lief sie zum Telefon und rief eine Freundin an, die querschnittgelähmt ist und in einem renommierten Paraplegi-ker-Zentrum arbeitete, einer auf Lähmungen spezialisierten Klinik. Was eigentlich ein Ding der Unmöglichkeit war, organisierte sie für mich: Kurzfristig erhielt ich einen Termin bei einem sehr guten Arzt, der mich auch operieren konnte. In der Spezialklinik erhielt ich endlich die eindeutige Diagnose: Ein Nerv war heftig eingeklemmt. Da ein solcher Eingriff immer den Körper stark belastet, wollte der Mediziner aber nicht sofort operieren, sondern noch einige andere Behandlungen ausprobieren, die er für vielversprechend hielt. Diese Prozedur zog sich über einige Monate hin. Doch die alternativen Methoden schlugen einfach nicht an. Also entschieden wir, dass ich Anfang Dezember operiert werden sollte – nach einer qualvollen Odyssee von einem halben Jahr. Der Operateur versicherte mir, es sei keine allzu komplizierte Sache, die OP würde maximal zwei Stunden dauern. Man müsse den Nerv nur wieder freilegen.

Als ich nach der OP die Augen aufschlug, sah ich Mama und vier Ärzte um mein Bett herumstehen. Besorgt starrten sie mich an. Ich war noch etwas benommen und begriff noch nicht so ganz, was los war. Unangenehme Schläuche führten in meine Nase, am Hand-rücken war ich auch verkabelt, schräg hinter mir piepste ein Gerät. Da dämmerte mir: Das war die Intensivstation. Dunkel erinnerte ich mich an die letzten Sekunden vor dem OP-Saal, als ich noch gebetet hatte, bevor die Wirkung der Narkose einsetzte. „Nur ein einfacher Eingriff", hallte es mir wie ein Versprechen im Ohr. Die OP war also überstanden und ich war eben daraus aufgewacht.

Mit etwas klarerem Blick schaute ich wieder die Ärzte an. „Wie fühlen Sie sich, Herr Togni?", fragte der Operateur. „Ganz gut, glaube ich", erwiderte ich schwach und versuchte meinen Körper zu spüren. Die Ärzte tauschten einen stummen Blick aus. „Bitte bewegen Sie Ihre Beine", forderte der Operateur mich mit beherrschter Stimme auf. Ich fing den Blick eines Assistenzarztes auf, der sich auf die Lippen biss und meine Patientenmappe fest umklammert hielt. Mit erstaunlich geringer Anstrengung begann ich mit meinem Fuß zu wackeln, der unter der raschelnden Bettdecke hervorlugte. Dann winkelte ich mein Knie an und streckte es wieder aus. Dann das andere. Strahlend blickte ich den Oberarzt an, dem Tränen in den Augen standen. Mit erstickter Stimme brachte er überwältigt hervor: „Laut Schulmedizin müssten Sie jetzt querschnittgelähmt sein und im Rollstuhl sitzen. Aber es wurde gut!" Ich schluckte. War es wirklich so haarscharf gewesen? Was war passiert?

Stück für Stück erhielt ich ein Bild der vergangenen Stunden. Aus dem geplanten einfachen Eingriff war eine komplizierte Operation von fünfeinhalb Stunden geworden. Als die Ärzte meinen Rücken aufgeschnitten hatten, sahen sie, dass der verschobene Wirbel, der den Nerv abklemmte, angebrochen war. Schließlich hatten sie diesen mit einem anderen Wirbel zusammen verschraubt und mit zwei Platten versteift. Wäre bei der somit komplizierten OP etwas danebengegangen, was den eingeklemmten Nerv berührt oder beschädigt hätte, hätte ich gelähmt sein können. Es war tatsächlich haarscharf gewesen und wie es scheint, war ein Wunder geschehen. Ich war unendlich dankbar und jubelte innerlich.

Gut eine Woche später sollte es dann schon in die Reha gehen. Doch eine Sache beschäftigte mich: Wenige Tage, bevor ich zur OP ins Spital gegangen war, hatte ich eine Vision gehabt. Darin sah ich, dass eine in Weiß gekleidete Person im Krankenhaus zu Jesus finden würde. Nur war bisher nichts dergleichen passiert und mein Abschied von der Klinik rückte näher. Am Morgen, als meine Überfahrt in die Reha stattfinden sollte, fragte ich Gott: „Wo ist dieser Mensch, mit dem ich noch reden soll?" Keine Antwort. Einige Stunden später wurde ich auf eine Transportliege geschnallt und in den Krankenwagen verfrachtet. Die Pfleger schnallten mich fest, dann stieg der Ambulanzarzt, der meine Überfahrt begleiten sollte, ein und setzte sich neben mich. Nachdem wir eine Weile gefahren waren, fragte mich der Mann in Weiß: „Wie kommt es eigentlich, dass Sie immer so viel Hoffnung haben?" „Ach, Sie sind das!", platzte es aus mir heraus und ich grinste breit. Verdutzt schaute mich der Ambulanzarzt an. Er wusste ja nicht, dass er mein „Mann in Weiß" war und mir mit seiner Frage eine Steilvorlage geliefert hatte. So erzählte ich ihm von Jesus, der der Grund aller Hoffnung ist, betete für ihn und er sprach selbst ein Gebet, in dem er Jesus in sein Leben einlud. (Gott kommt spätestens immer rechtzeitig, yes!)

In der Reha in einer ehemaligen Klosteranlage verbrachte ich sechs lange Wochen mit viel Therapie, Behandlungen und mühsamen ersten Schritten. Als ich endlich entlassen wurde, ging es mir schon etwas besser. Immerhin konnte ich wieder selbstständig laufen. Die Ärzte vertrösteten mich, dass es noch ein halbes Jahr dauern würde, bis alles wieder ganz hergestellt wäre und ich mein Leben komplett schmerzfrei weiterführen könne. Also ging ich zurück nach Feuerthalen und versuchte wieder im normalen Leben anzukommen.

Dann lernte ich Elena kennen.

Um genau zu sein, kannte ich sie schon länger. Auch sie ging in meine Church. Weil wir beide in Feuerthalen wohnten, hatten wir oft denselben Heimweg, wenn wir mit mehreren Leuten zusammen in Schaffhausen aus waren. Als wir einmal in einer kalten Januarnacht zusammen nach Hause spazierten, weil ich ohne Auto gekommen war, hatten wir ein intensives Gespräch und mein Interesse für diese zurückhaltende, hübsche junge Frau war geweckt. Ich war fasziniert von ihrer völligen Transparenz, von dem Frieden, den sie in sich trug, und auch der Unschuld, ja, Reinheit, mit der sie lebte und mir begegnete.

In den folgenden Tagen schrieben wir uns häufig Whats-App-Nachrichten und verabredeten uns einige Male. Doch je ernster es wurde, desto mehr verknotete sich etwas in mir. Vor noch nicht allzu langer Zeit hatte ich eine Beziehung beendet, die definitiv nicht gut gelaufen war. Nein, sie war absolut schmerzlich gewesen und wir hatten uns beide heftig verletzt, ich sie nicht zuletzt durch meine brennende Eifersucht, die nicht unbegründet war und von einer furchtbaren Verlustangst herrührte. Nach dieser negativen Erfahrung fiel es mir schwer, überhaupt noch an ein positives Bild von Partnerschaft zu glauben, und ich hatte mir vorgenommen: Ich will keine Freundin mehr! Lieber bleibe ich allein. Noch dazu wusste ich, dass ein enger Freund von mir auf Elena stand. Also machte ich einen für mich halbwegs begründeten, wenn auch nicht ganz fairen Rückzieher. Kurz darauf schloss Elena das Gymnasium ab und war drei Monate zu einem Sprachaufenthalt nach Salamanca verschwunden. Wir verloren uns aus den Augen.

Eines Tages erzählte mir mein Vater, dass er bei einem Baueinsatz in der Gemeinde Elena getroffen habe. „Die hat sich aber gemacht!", staunte er. „Sie ist gerade am Tag zuvor aus Spanien zurückgekommen und schon packt sie in der Gemeinde voll an. Beim Werkeln hatten wir ein super Gespräch." Da wurde ich hellhörig. Irgendwie hatte es mir diese Frau mit ihrem reinen, sanften Wesen doch angetan. Sofort schrieb ich ihr eine Nachricht, ob wir uns nicht mal wieder treffen wollten. Doch sie ließ mich zappeln. Zu Recht war sie sauer auf mich, hatte ich doch gekniffen, als sie schon auf mehr hoffte. Nach zwei Tagen wurde sie dann aber doch schwach und antwortete mir und so sahen wir uns wieder.

So richtig Fahrt nahm unsere Freundschaft dann auf, als ich aus der Reha zurückkam. Wir verabredeten uns, gingen zusammen aus und redeten stundenlang über Gott und die Welt. Mit dieser Frau fühlte ich mich unglaublich wohl, sie gab mir Halt. Doch etwas in mir zögerte noch immer. Wollte ich mich wirklich noch einmal auf eine Beziehung einlassen? Hier war eine Frau, deren Herz ich voll und ganz vertrauen konnte, die mich mochte und mit der ich liebend gerne Zeit verbrachte. Aber mich binden? Mir war nicht wohl bei dem Gedanken. Nein, dazu fühlte ich mich nicht in der Lage. Ich brauchte noch Zeit, die mir Elena auch zugestand.

Schließlich kamen wir einige Monate später dann tatsächlich zusammen. Für mich war es wie ein Sprung ins Ungewisse und es dauerte noch einige Zeit, bis sich tatsächlich die flatternden Schmetterlinge im Bauch einstellten. Aber vor allen Dingen war es für mich eine Verstandessache zu entscheiden: „Ja, ich will mich wieder auf eine Beziehung einlassen." Elenas treues Herz, ihre fröhliche Art und ihre bedingungslose Liebe machten es mir leicht und gaben mir Halt.

Die Verliebtheit wurde aber bald von der Sorge um meinen Rücken getrübt, der sich neu stechend meldete. Auch nachdem die sechs Monate um waren, die mich die Ärzte um Geduld gebeten hatten, war es mit den Schmerzen nicht besser geworden. Im Gegenteil. Natürlich hatte ich weiterhin Physiotherapie und bekam Spritzen in den Rücken – über einen so langen Zeitraum, dass ich am Ende 23 Cortisonspritzen zählte, die mir verpasst worden waren. Aber dauerhaft erträglicher wurde es dadurch nicht. Sport treiben war unmöglich; ob Snowboarden, Joggen, Radfahren – alles, was ich früher liebend gern gemacht hatte, war jetzt Vergangenheit.

Im Fitness konnte ich gerade noch ein paar wenige Übungen trainieren. Manchmal aber war es nach nur fünf Minuten bereits aus, wenn es mir unerträglich in den Rücken fuhr. Vor Enttäuschung und Schmerz schossen mir Tränen in die Augen und ich drehte meinen Kopf weg, damit niemand sah, wie sehr mir das zusetzte. Keine Chance, ich musste aufhören zu trainieren!

Sport hatte mir immer so viel bedeutet und einen enormen Ausgleich gegeben. Nun schränkte mich mein Gesundheitszustand extrem ein und drohte, mein Leben in vielen Bereichen zu regieren. Jeden Morgen weckte mich ein wahnsinniger Schmerz, oft fand ich keine einzige Position, in der es irgendwie erträglich war. Das Einzige, was ein wenig half, war, mich in die heiße Badewanne zu legen. Wenn ich abends mit Elena aus war, konnte ich meistens nicht lange bleiben. Mein Kreuz tat so höllisch weh, dass ich es nicht weiter aushielt und wir früh nach Hause mussten. Jedes Mal hätte ich nur heulen können, oft tat ich es auch. Auch Elena verzichtete viel und litt mit mir. Aber das Schlimmste war längst noch nicht ausgestanden.

10

GLADIATOR-STYLE

Seit ich im April 2011 erstmals im Spital gewesen war, galt ich als 100 Prozent arbeitsunfähig und lebte von dem Krankentagegeld, das mir zwei Jahre lang zustand. Zunehmend rumorte in mir die Frage, wo es mit meinem Leben hingehen sollte. In dieser Zeit ging ich viel in die Natur und redete stundenlang mit Gott. Dann hatte ich den Traum vom Modelabel LOVE YOUR NEIGHBOUR und mitten in der aufreibenden Rückengeschichte begann ein neuer, spannender Abschnitt.

Dass sich bei meinen Schmerzen nichts zum Positiven veränderte, verstand ich nicht. So oft hatte ich schon erlebt, wie Gott heilte, und nicht selten war das durch meine Gebete passiert. Aber bei mir selbst herrschte Stillstand. In meiner Kirchengemeinde hatte eine Frau einen Fastenkreis für meinen Rücken organisiert, zahllose Leute beteten für mich, ich flehte Gott um Heilung an, doch es wurde nicht besser. Ich machte sogenannte Generationengebete mit, bei denen man verborgene Familienflüche löst – ohne Ergebnis. Einmal war ich bei einem Heilungsgottesdienst, bei dem für Kranke gebetet wurde. Am Ende waren tatsächlich alle, die zum Gebet nach vorn gekommen waren, gesund. Nur ich stand noch allein da, unverändert und mit höllischen Schmerzen.

„Gott, wo bist du in dem Ganzen? Warum muss ich diesen Horror aushalten, warum heilst du mich nicht?" Lange trieben mich diese Fragen um, aber Antworten bekam ich keine. Am schlimmsten war es, wenn Leute, die einfach so mal von meiner Situation gehört hatten, meinten, die Lösung zu kennen. Da kamen die absurdesten Ideen und wildesten Geschichten auf. Dass ich den Fluch einer chinesischen Winkekatze auf mich gezogen hätte, zum Beispiel. Gefühlt zwei Millionen Tipps, welche Tabletten ich nehmen, welche

Nahrungsergänzung oder welche besondere Therapie noch helfen könnten. Oder man erteilte mir Ratschläge, die ich oft vielmehr als Schläge spürte, als dass sie hilfreich gewesen wären. Ich bekam zu hören, dass Gott mich etwas lehren wolle, dass noch etwas nicht stimme in meinem Leben. Viel religiöser Mist, der rauskommt, wenn man nicht weiterweiß.

Bald wurde ich es leid, mich ständig auch noch dafür rechtfertigen zu müssen, dass ich unter solchen Schmerzen litt. Dabei lernte ich eine grundlegende Wahrheit: Ich brauche mich nicht zu verteidigen, denn ich habe einen Anwalt, der das für mich macht. Der heißt Jesus Christus.

Wenn vorgefertigte Konzepte und Deutungsmuster nicht mehr greifen, gilt es, Gott noch tiefer zu vertrauen. Und das kostet einen hohen Preis. Als mich Gott damals auf der Waldlichtung gefragt hatte, ob ich ihm diesmal vertrauen würde, hatte ich entschlossen Ja gesagt. Ich glaubte ihm und der bedrohliche Tumorverdacht löste sich in Wohlgefallen auf. Hören nicht die meisten Geschichten so auf? Ein turbulentes Leben, dann heilt Gott übernatürlich und ein warmer Segen breitet sich aus. Aber ist das Gott? Nur das? Ist Gott nur dann gut, wenn eine Geschichte „gut ausgeht"? Wo ist denn Gott, wenn der Segen ausbleibt, die Heilung nicht eintrifft? Ich bin überzeugt, Gott ist gut und eine Situation wird mir zu meinem Besten dienen, auch wenn ich durch eine schwere Zeit von Leiden und Schmerzen gehen muss. Gott der Vater verändert sich nicht. Die Bibel spricht davon, dass wir den guten Kampf des Glaubens kämpfen sollen. Ich begreife immer mehr, dass das ein Kampf ist, der sich in meiner Haltung, in meinen Gedanken abspielt, dass ich darum fighten muss, am Glauben und an Gott festzuhalten, in und trotz allen Umständen. Das habe ich in den letzten Jahren täglich durchbuchstabiert. Manchmal musste ich es mir immer wieder selbst zusprechen, bis ich es neu greifen konnte: Auch wenn ich es nicht verstehe, ich vertraue auf Gott, der ein liebender, tröstender Vater ist. Er ist und bleibt gut. Jede einzelne Träne kann ein Same für die Zukunft sein. David, du entscheidest. Es ist manchmal ein heftiger Kampf, das zu glauben, gerade wenn sich nichts verändert, seit Jahren. Die starken, oft unerträglichen Schmerzen habe ich bis heute jeden Tag.

Wenn ich morgens um fünf von einem heftigen Schmerz aufwache, habe ich jedes Mal die Wahl: Ich kann hier und jetzt Gott danken für mein Leben und ihn anbeten, weil er einfach Gott ist. Dann aufstehen und mir heißes Wasser in die Badewanne einlassen. Oder ich bleibe liegen, gebe mich der Verzweiflung und dem Selbstmitleid hin. Doch in der Zeit, in der ich niedergeschlagen um mich selbst kreise, könnte ich stattdessen die Welt verändern, andere Menschen segnen, für sie beten, ihnen Hoffnung und Liebe zusprechen. Wenn ich das tue, habe ich damit auch die Entscheidung getroffen, dass ich dem Klagen keinen Raum geben möchte, sondern Gott in allem ehren will. Denn wie ich mit der schwierigen Situation umgehe, in die Gott mich stellt, wirft auch ein Licht auf Gott. Laufe ich als dauerdeprimierter Jammerlappen durch die Welt, der sagt, er sei Christ, ziehe ich dann nicht auch Gottes Namen in den Dreck? Das will ich nicht! Leute sollen Gottes Strahlen in meinem Leben sehen. Ich will auf Gott hinweisen, gerade und erst recht dann, wenn ich selbst unglaublich angeschlagen und nicht gesund bin.

Es ist kein Zuckerschlecken und es kostet mich viel, das will ich nicht verleugnen. Oft kämpfe ich regelrecht um die Entscheidung. Aber die Bibel spricht auch davon, dass wir für diesen Kampf des Glaubens eine „Waffenrüstung" erhalten haben. Da steht nichts von einem Schlafsack. Diese Waffen einzusetzen und mit ihnen geübt umzugehen, gehört zu unserer Bestimmung als Christen. Wie ein Gladiator, der täglich hart trainiert und immer besser lernt, die Schläge abzuwehren und den Angriffen etwas entgegenzusetzen. Den Zweifeln, den Vorwürfen, der Bitterkeit, dem Stolz, dem Vergleichen. Angriff – zack! Abwehr – zack! Wir befinden uns nun mal in einer Schlacht, solange wir auf dieser Welt sind.

Ich liebe die Filmszene aus Narnia, wo die kleine Maus Riepischiep stirbt. Sie war eine unglaublich mutige, kämpferische Maus, mit ihren gerade mal 30 Zentimetern. Als sie stirbt und auf einer Welle über den Ozean in den Himmel hineinläuft, blicken ihre Freunde ihr nach. Da plötzlich bleibt sie stehen, wendet sich um und kommt noch einmal zu den anderen zurückgetrippelt. Sie ergreift ihren Degen und sagt: „Den brauche ich jetzt nicht mehr!", wirft ihn auf den Boden, dreht sich um und springt davon. Dem Ort entgegen, an dem Frieden auf sie wartet und wo der Kampf ein für alle Mal vorbei ist.

Der Schnee glitzerte vor dem wolkenlosen blauen Himmel. Ein herrlicher Tag, klirrend kalt, aber sonnig. Perfekt zum Snowboarden. Wie hatte ich das vermisst! Strahlend holte ich meine Boots aus dem Kofferraum und zog sie mir auf dem Rücksitz an. Dann schnappte ich glücklich mein Board und schulterte es. Das ganze Jahr über hatte ich gekämpft, Behandlungen über mich ergehen lassen und Übungen für meinen Rücken gemacht. Jetzt glaubte ich, dass es tatsächlich besser geworden war, und freute mich wie ein König darauf, den Hang hinunterzubrettern und durch den Pulverschnee zu surfen. Mit Christian und Florian, zwei guten Freunden, war ich in die Lenzerheide, ein bekanntes Schweizer Skigebiet, gefahren. Florian war am Morgen in Schaffhausen gestartet und hatte Christian und mich abgeholt. Natürlich waren wir spät dran (das war gebucht, lieber Flo). Aber jetzt standen wir auf dem Parkplatz vor den herrlich weißen Hängen und waren glücklich, nach langer Zeit wieder einmal zusammen die Piste zu rocken. Übermütig marschierten wir vom Parkplatz los und kauften uns an der Tickethütte unsere Skipässe.

Ein wenig mulmig war mir schon. In der Nacht zuvor hatte ich das Gefühl gehabt, dass ich lieber nicht mitfahren sollte. Es war noch zu riskant. Aber ich hatte nicht darauf hören wollen. Mein Rücken sollte mir nicht immer jeden Spaß verderben. Entschlossen schob ich meine Bedenken beiseite und blickte mich freudestrahlend um. Menschen, die fröhlich Skier oder Boards untergeschnallt hatten, mit gesunder Gesichtsfarbe, dick eingepackt in Skianzug und

Mütze, stöckelten durch den quietschenden Schnee zum Schlepp-lift. Manche schossen den Berg herunter, andere zogen mit eleganten Schwüngen wellige Linien ins pulvrige Weiß. Weiter oben ein Skikurs mit Anfängern, die im Pflug und mit wackligen Knien ihre Kurven übten, immer schön dem leuchtend roten Skilehrer hinterher.

Das Surren und Scheppern des Schlepplifts erfüllte die kristallklare Luft. Ich streckte meinen Kopf in die wärmende Sonne und genoss den Augenblick. Gerade als wir uns in die Liftschlange einreihten und ich durch das Drehkreuz gehen wollte, stieg eine heftige Übelkeit in mir auf. Mir war auf einen Schlag so schlecht, dass ich kaum noch klar denken konnte. Nur ein Gedanke erfüllte meinen Kopf: „David, du darfst auf keinen Fall boarden! Das ist Gift für deinen Rücken."

Ich bäumte mich gegen diese innere Stimme auf. Doch vergeblich. Die Sorge, dass mein Rücken das Snowboarden nicht verkraften würde, brannte sich tief in mein Bewusstsein. Fassungslos blickte ich auf mein eben erst gelöstes Liftticket. In mir brach eine Welt zusammen. Das unbeschwerte Treiben um mich herum drang nur noch gedämpft zu mir durch. Schließlich sagte ich meinen Kumpels mit glasigen Augen, dass sie ohne mich boarden sollten. Sie versuchten mich umzustimmen, doch ich erwiderte nur: „Fahrt allein", und wand mich mit zusammengebissenen Zähnen aus der Liftschlange.

Enttäuscht lief ich einige Meter weiter und warf mein Board voller Zorn in den Schnee. Fast blind vor Tränen stolperte ich auf den Hang zu und stapfte wütend neben dem Lift den Berg hinauf. Die ganze Zeit weinte ich und schrie innerlich verzweifelt: „Vater! Vater!" Zwei Stunden tobte es in mir und ich stob ziellos durch den Schnee. Nein, ich konnte es nicht begreifen, ich verstand es einfach nicht! Da schaute es wieder um die Ecke, das hämische, zweifelnde „Warum?", und versuchte sich in mein Herz zu graben und vorwurfsvoll mit dem Finger auf Gott zu zeigen. Doch ich entschied mich unter Tränen, weiter an meinen guten Gott zu glauben, auch wenn ich nicht verstand, warum ich all das gerade durchmachen und aushalten musste. Nein, ich würde nicht kapitulieren.

Ein Kämpfer war ich wohl schon von klein auf gewesen, das spiegelten mir meine Eltern immer wieder. Selbst als Baby hatte ich schon bewiesen, dass ich nicht zum Aufgeben geboren war. Eigentlich ist das gar nicht so erstaunlich, wenn ich mir die Linie meiner Herkunftsfamilie anschaue. Für Nonno war Aufgeben nie eine Option gewesen und früh hatte er gelernt zu kämpfen, auch mit Muskelkraft. Nonna hatte sich ebenfalls als kleines Waisenmädchen allein durchgeschlagen. Mein Vater, der gleich zwei Mal alles verloren hatte, rappelte sich jedes Mal wieder auf und startete mit zuversichtlichem Ehrgeiz von Neuem. Meine Uroma mütterlicherseits hatte den Zweiten Weltkrieg in Berlin miterlebt. Ihr Mann war nicht aus dem Krieg zurückgekehrt, so brachte Uroma ihre Kinder in den harten Nachkriegsjahren als Trümmerfrau allein durch. Den ganzen Tag über saß sie mit anderen Frauen auf einem Schuttberg und klopfte Mörtel von den Steinen, sodass sie für den Wiederaufbau genutzt werden konnten. Nach 20 Jahren Ungewissheit erhielt sie schließlich die Bescheinigung, dass ihr Mann gefallen war. Ihre Tochter, meine Oma Renate, hatte mit ihrem Mann Peter in den 1960ern einen beruflichen Neustart in der Schweiz gewagt und wanderte später, als sie geschäftlich in einer Sackgasse steckten, nach Mallorca aus. Dort fingen sie, ohne Spanisch zu sprechen und ohne einen Cent, noch einmal ganz von vorn an. Nach 45 Ehejahren nun verwitwet, vermietet sie jetzt ein Studio an Feriengäste in Cala Murada und ist mit ihrem riesigen, heldenhaften Herzen für andere da – die Nachbarn, Gäste, die Familie. Stoisch kämpft sie mit uns Krisen durch. Wie oft habe ich eine Auszeit bei ihr genommen, nach Anjas Tod und wenn ich vor Liebeskummer nicht mehr konnte.

Dass auch meine Mutter eine große Kämpferin mit einem Löwenherz ist, habe ich schon erzählt. Ihre Zähigkeit und unerschrockene Opferbereitschaft hat uns als Familie in den Jahren zusammengehalten, als alles auseinanderzubrechen drohte. Nach Anjas Tod hatte sie ein starkes Medikament zur Beruhigung verschrieben bekommen, das sie, obwohl sie die Tabletten wie verordnet einnahm, in eine große Abhängigkeit brachte. Als sie spürte, dass ihr Körper in einer Sucht steckte, entschloss sie sich zu einem kalten Entzug, den sie ganz allein bei Oma auf Mallorca durchzog. Sieben Wochen lang durchlitt sie die Hölle, zitterte am ganzen Körper, schwitzte in der Nacht zig Pyjamas durch – unermüdlich gepflegt und gestützt von Oma. Doch mit eisernem Willen zog sie es durch.

> **Selbst als Baby**
> **hatte ich schon bewiesen,**
> **dass ich nicht**
> **zum Aufgeben geboren war.**

Und dann Baby David. Drei Wochen nachdem ich auf die Welt gekommen war, stellte Mama fest, dass etwas nicht stimmte. Immer wieder erbrach ich die Milch. Auf den Röntgenbildern im Spital sah man, dass ich eine Verengung des Magenausgangs hatte (einen sogenannten Magenpförtnerkrampf), sodass sich die Milch vor dem Darm staute und deshalb immer wieder herauskam. Schon als kleiner Wurm kam ich also auf den OP-Tisch, aber der Operateur war nicht einmal ein Kinderarzt. Anschließend hatte ich eine riesige Narbe senkrecht über den Bauch, ein offensichtlicher Pfusch. Bestürzt sahen meine Eltern, wie ich an etliche Schläuche angeschlossen in meinem Bettchen strampelte. Doch obwohl die Naht innerhalb einer Woche drei Mal aufbrach und ich noch drei Mal unter Vollnarkose operiert werden musste, verlor ich mein vergnügtes Strahlen nicht. Einen ganzen Monat verbrachte ich im Krankenhaus, getrennt von meinen Lieben. Meine Eltern erzählen, dass ich ihnen bei ihren täglichen Besuchen auf meiner Krankenstation immer Kraft und Mut gegeben hätte. Ein Strahlemann und Kämpfer. Vier Monate später, als alles schon wieder gut schien, wäre ich fast an einem akuten Darmverschluss gestorben. Wie durch ein Wunder kam ich gerade noch rechtzeitig in ein Krankenhaus nach Bern, wo ich notoperiert wurde.

Die Schrecken und Operationen meines ersten Babyjahres zogen allerdings Kreise. Durch die verschiedenen Ungereimtheiten an

Darm und Magen konnte ich vorn schlecht Muskeln aufbauen, was zur Folge hatte, dass der Rücken allein die ganze Last meines Körpers tragen musste. Das ist jedenfalls EINE Erklärung für meine Beschwerden mit dem Kreuz. Es könnte auch sein, dass es eine Folge des Zwischenfalls während meiner Militärzeit war oder von einem heftigen Sturz beim Snowboardfahren herrührte, den ich mit 20 hatte. Oder alles zusammen. Was auch immer die Ursache war, es stellte sich keine Besserung ein. Und das nun schon seit fast fünf Jahren.

Nicht lange nach meinem traurigen Snowboard-Wochenende wurde klar, dass ich eine weitere Operation brauchen würde. Gegen die wieder heftigeren Schmerzen halfen bald keine Medikamente mehr. Man stellte fest, dass sich an den Schrauben in meinem Rücken eine quälende Arthrose gebildet hatte, weil versäumt worden war, dämpfende Einlagen zwischen Schraube und Knochen einzusetzen. Dadurch, dass ich mich mehr bewegte als beispielsweise ein 80-Jähriger, der eine solche OP bekommt, schmirgelte das Eisen bald meine Knochen ab. Dieser Fehler und seine schädigenden Folgen sollten jetzt behoben werden.

Ende März 2015 also brachten mich Elena und mein Freund Florian ins Krankenhaus nach Zürich. In meinem Krankenhauszimmer beteten wir noch zusammen, dass alles gut verlaufen würde. Tatsächlich war es ein riskanter Eingriff an der Wirbelsäule und man wusste nie sicher, wie es ausgehen würde. Elena hatte am Tag der OP Anwesenheitspflicht an ihrer Hochschule in Chur und musste schweren Herzens zurückfahren. Sie wusste nicht, ob sie mich am nächsten Tag querschnittgelähmt vorfinden würde. „Egal was kommt, David – du wirst es packen", sagte sie mir zum Abschied.

Florian hatte sich den Tag freinehmen können und war am Morgen bei mir, bis ich aus dem Krankenzimmer abgeholt wurde. Während ich unter Vollnarkose rein gar nichts mitbekam, kniete Florian vor dem Operationssaal, den Kopf auf den sterilen PVC-Boden gepresst, und betete, was das Zeug hielt. Nach drei Stunden sprach ihn eine besorgte Stimme an: „Ist alles in Ordnung mit Ihnen? Brauchen Sie Hilfe?" Florian blickte auf, einen roten Abdruck auf der Stirn. Er sah in das beunruhigte, leicht skeptische Gesicht einer Pflegerin und meinte: „Nein, vielen Dank. Ich bete hier für meinen Freund, der gerade operiert wird." Ob das unbedingt hier vor der Tür sein müsse, fragte die Frau, es wirke schon etwas irritierend. Daraufhin stieg Florian durchs Treppenhaus ganz nach oben, bis er zur Dachterrasse kam. Er öffnete die Tür. Es nieselte, ein grauer Himmel gähnte ihm entgegen. Hier würde er immerhin ungestört sein. Kurz lockerte er noch einmal seine steifen Beine und kniete sich wieder hin, mit der Stirn auf dem Boden. Die ganzen fünfeinhalb Stunden der Operation hindurch. Solche Menschen im Leben zu haben, ist ein unglaubliches Geschenk.

Während der Operation entfernten die Ärzte die Schrauben, behandelten die Arthrose und setzten Gewebe aus meinen Hüftknochen in die Wirbelsäule ein. Schließlich bekam ich noch eine künstliche Bandscheibe zwischen den vierten und fünften Lendenwirbel, vier große Schrauben und dann wurde ich wieder zugemacht. Als ich am Abend aus der Narkose erwachte, standen meine Eltern und Elena, die sofort nach Vorlesungsschluss wieder hergefahren war, an meinem Bett. Überglücklich stellte ich fest: Mein Körper war nicht gelähmt, die OP geglückt.

Dass Elena so treu zu mir hielt, baute mich unheimlich auf. Nach einigen Tagen im Krankenhaus machte ich bereits meine ersten Schritte. Zehn Tage später ging es zum zweiten Mal in die Reha, doch die Schmerzen waren immer noch da.

11

IT'S NOT ABOUT ME

Alarmiert blickte mich der Sanitäter an: „Ist alles klar mit Ihnen? Sie sind ganz bleich." Festgeschnallt auf meiner Liege des Krankenwagens war ich unterwegs zur Reha im Thurgau, wo ich nun nach meiner zweiten OP wieder aufgepäppelt werden sollte. Bis gerade war alles noch in Ordnung. Doch jetzt spürte ich, wie mein Herz auf einmal irre raste und mein Kopf ganz komisch leer war. Erschrocken blickte ich den Pfleger an. Ich hatte keine Ahnung, was da gerade mit mir passierte, und die ganze Aufregung glitt immer weiter von mir weg. Laut schrie der Sanitäter zum Fahrer nach vorn: „Stopp! Anhalten! Verdacht auf Herzinfarkt!" Sofort fuhr der Wagen rechts ran. Meine Lippen bibberten, mir war schrecklich kalt. Mit geübten, schnellen Griffen stöpselten mich die Sanitäter an, verabreichten mir Medikamente und stabilisierten in Sekundenschnelle meinen Zustand.

Nach einer Viertelstunde Nervenkitzel schien dann das Schlimmste überstanden. Mein Herz schlug wieder normal und das Frösteln wich aus meinem Körper. Noch völlig benommen bekam ich mit, wie der Ambulanzwagen wieder startete. Doch ich fühlte mich wie in einen dicken Frieden eingehüllt. Gott hatte alles unter Kontrolle, das wusste ich.

Bald erreichten wir die Reha. Der Arzt, der mich dort in Empfang nahm, ließ sich von den Sanitätern den Vorfall schildern und warf einen prüfenden Blick auf meine Werte. Ohne lange Umschweife entschied er, dass sie mich so nicht aufnehmen konnten und ich sofort nach Frauenfeld in die Notaufnahme müsse. Also heizten wir mit Tatütata und quietschenden Reifen kurz darauf wieder vom Hof – mit Blaulicht! Davon hatte ich ja schon immer geträumt: einmal das volle Programm in einem Rettungswagen. Trotz der Umstände war ich happy, das bemerkten auch die Sanitäter.

So kam ich also, gerade aus dem Krankenhaus entlassen, ins nächste und musste sogar über Nacht dort bleiben. Die Untersuchungen ergaben, dass mein Herz einen Aussetzer gehabt hatte. Grund waren wohl die vielen starken Medikamente, die ich noch nahm, kombiniert mit der anstrengenden Überfahrt. Immerhin liegt Frauenfeld nicht so weit weg von Feuerthalen. Also rief ich Papa an, der gleich mit Mama zusammen vorbeikam und mir auf meine Bitte einen Gute-Nacht-Döner mitbrachte. Der schmeckte himmlisch und obwohl mir etwas Zwiebeln und Soße auf die Bettdecke tropften, fühlte ich mich danach schon viel besser. Auch Florian besuchte mich noch an diesem Abend.

Am nächsten Morgen wartete ich guter Dinge auf den Krankenwagen, der mich nun endlich zur Reha bringen sollte. Doch der kam ewig nicht und allmählich verlor ich die Geduld. Nachdem ich vier Stunden lang vertröstet worden war, hakte es bei mir aus. Wütend bestellte ich mir auf eigene Faust ein Taxi und ließ mich für 130 Schweizer Franken, die ich am Ende selbst zahlen musste, zur Reha chauffieren. Dabei hatte ich auch nicht bedacht, dass eine Autofahrt im Sitzen für meinen Rücken pures Gift war. Ich litt Höllenqualen.

Als wir endlich am Ziel ankamen, konnte ich mich vor Schmerzen kaum noch aufrecht halten. Mühsam schleppte ich mich zur Rezeption und meldete mich an. „Ihr Zimmer ist noch nicht fertig", teilte mir die Empfangsdame lapidar mit. Jetzt platzte mir vollends der Kragen: „Wie bitte?" Mir fiel es schwer, mich zu beherrschen. „Ich hätte schon gestern hier sein sollen, schon gestern hätte mein Zimmer frei sein sollen. Ich muss mich jetzt sofort hinlegen. Mir egal, ob es fertig ist oder nicht!", polterte ich aufgebracht, sodass die Rezeptionistin zusammenzuckte. Etwas kleinlaut versprach sie, sich um mein Anliegen zu kümmern.

Mit zusammengebissenen Zähnen ließ ich mich in der Empfangslobby in einen Sessel sinken. Ich war stinksauer und grummelte vor mich hin. Keine zehn Minuten später konnte ich dann tatsächlich mein Zimmer beziehen. Missmutig legte ich mich in meiner unpersönlichen, piefigen Rehabude aufs Bett. Gelbe Vorhänge, Parkettboden, spartanische Holzmöbel. Hier also würde ich die nächsten Wochen verbringen, keine Ahnung, wie viele. O Mann.

Meine Stimmung erreichte ihren Tiefpunkt, als ich zum Abendessen hinunterging und den riesigen Speisesaal betrat. Ein kurzer Blick über das Meer weißer Haarschöpfe ließ mich ahnen, dass die jüngste Person im Raum wahrscheinlich 70 Jahre alt war. Sofort machte ich auf dem Absatz kehrt und suchte nach einem weiteren Speisesaal, fand aber keinen. Nur ein öffentliches Restaurant. Verstört lief ich zur Rezeption und fragte ahnungslos: „Sagen Sie, bin ich hier richtig? Ich sollte in eine Reha kommen. Ist das hier nicht ein Altenheim?" Die beiden Damen am Empfang lachten herzlich. „Ehrlich gesagt", meinte die eine, „haben wir uns auch schon gefragt, warum Sie ausgerechnet hierher geschickt worden sind." Na toll! Richtig war ich hier vielleicht, aber komplett fehl am Platz. Das konnte ja was werden ...

> „Sagen Sie, bin ich hier richtig?
> Ich sollte in eine Reha kommen,
> nicht in ein Altenheim!"

Mit unterirdischer Laune kehrte ich also in den Speisesaal zurück und suchte den Tisch, der mir zugewiesen worden war. Da saßen drei alte Damen, die mich nett anlächelten, als ich Jungspund mich zu ihnen setzte. Ihr belangloses Gerede ging mir furchtbar auf den Senkel. Schnell schlang ich mein Essen hinunter und verzog mich dann mürrisch wieder nach oben in meine vier Wände. Mit dem Vorsatz: Von jetzt an esse ich auf meinem Zimmer!, kroch ich unter die Bettdecke.

Nach einer unruhigen Nacht blieb ich zum Frühstück bei meinen gelben Vorhängen, auch zum Mittag brachten mich keine zehn Pferde in den Speisesaal, aber ich ging nach unten ins Restaurant, um etwas Warmes zu essen. Am Nachmittag raffte ich mich dann zu einem Spaziergang im schön angelegten Park des Rehageländes auf. Zu allem Übel empfing mich draußen ein Aprilwetter, das seinem Namen alle Ehre machte. Noch immer übel gelaunt kickte ich einen Stein vom Gehweg in die akkurat angelegten Blumenbeete. Da sprach Gott ganz deutlich zu mir: „Sag mal David, was hast du eigentlich für eine Scheißhaltung?" (Gut, vielleicht hat er es einen Tick anders formuliert, aber so hätte ich es auf jeden Fall gesagt …) „Geh zum Abendessen wieder runter zu den Ladys!" Es brauchte eine Weile, bis ich meine wütenden Argumente runtergeschluckt hatte und einsah, dass ich mich wirklich voll danebenbenommen hatte. Gott hatte mit seiner Frage genau ins Schwarze getroffen. Schließlich bekannte ich ihm meinen Egoismus und Stolz und dass meine Einstellung so gar nicht von seinem barmherzigen Wesen geprägt war. Das tat mir ehrlich leid. Ich bat um seine Kraft und Liebe für die Menschen, denen ich hier begegnete.

**Da sagte Gott:
„Was hast du eigentlich
für eine Scheiß-Haltung, David?"
(Gut, vielleicht hat er es
einen Tick anders formuliert …)**

Zuversichtlich startete ich also am Abend einen neuen Versuch an meinem Vierertisch. Mit Gottes Brille auf der Nase konnte ich jetzt sehen, wie süß und freundlich diese Damen waren. Offensichtlich freuten sie sich über mich als Tischgenossen. Und zunehmend genoss auch ich ihre Gesellschaft und die Gespräche. Besonders mit Juliette, einer 84-jährigen Dame mit schlohweißem Haar, randloser Brille und einer ganz sanften Stimme, verstand ich mich wunderbar. Immer wenn sie an den Tisch kam, stand ich zur Begrüßung auf, holte ihr während des Essens noch etwas zu trinken oder ein Dessert. „Du bist aber ein Lieber", sagte sie mir jedes Mal ganz gerührt.

Bei unseren Tischgesprächen erfuhr ich, dass sie in Winterthur in der katholischen Kirche war und viel für die Stadt betete und im Hintergrund arbeitete. Ihr demütiges, bescheidenes Wesen beeindruckte mich sehr. Plötzlich hatte ich den Impuls, dass ich ihr danken solle. Danken für alles, was sie jahrelang in und für Winterthur getan hatte. Danach war sie sehr still und schaute auf ihren Teller. Als Juliette wieder aufblickte, sah ich, dass sie weinte. Mit gebrochener Stimme brachte sie hervor: „Noch nie hat jemand geehrt, was ich all die Jahre gemacht habe. Deinen Dank zu hören, berührt mich ganz tief." Selbst ganz ergriffen lächelte ich sie an.

Juliette gab mir auch viel. Mit ihrer humorvollen, sensiblen und positiven Art war sie ein Sinnbild für jemanden, den das Leben nicht hatte knicken können – egal wie entbehrungsreich und hart es gewesen war. Sie war nicht bitter geworden, sondern hatte sich eine Freude und innere Ruhe bewahrt, die ansteckend waren.

Am Tag, bevor Juliette entlassen werden sollte, machte ich meinen ersten großen Spaziergang allein in den Ort. Im Dorfladen kaufte ich ihr feine Schokolade und ein Kärtchen, auf das ich ihr ein paar Zeilen schrieb. Beim Abendessen überreichte ich ihr die Aufmerksamkeit, die sie gerührt entgegennahm. Am nächsten Tag wollte ich mich noch von Juliette verabschieden, doch leider traf ich sie nicht mehr. Aber beim Mittagessen fand ich einen Brief auf meinem Platz. In zierlicher Handschrift dankte sie mir für den intensiven Austausch, den wir beide genossen hatten. Sie habe noch nie einen so tollen, charmanten jungen Mann gesehen und für sie sei ich in der Rehazeit wie ein Engel gewesen.

Von so viel Zuneigung überwältigt, musste ich schlucken und dachte unwillkürlich an den ersten Abend zurück, als ich so gar keinen Nerv für den Granny-Tisch gehabt hatte. Ja, alles lag an meiner Einstellung, das war nicht erst jetzt glasklar. Ich hätte auch weiterhin schmollend allein auf meinem Zimmer essen können. Aber damit hätte ich viele tolle Gelegenheiten und Unterhaltungen mit Juliette und dieser liebenswerten, geschätzten älteren Generation verpasst.

Wie gewohnt um 14 Uhr öffnete ich die Tür zum Behandlungszimmer und trat ein. Reto, mein Therapeut, erwartete mich und fragte freundlich: „David, wie geht's dir heute?" Einem Impuls folgend erwiderte ich: „Ich glaube, Reto, es ist besser, wenn ich dich heute frage, wie es dir geht." Der Masseur, der sich eben die Hände mit Öl einrieb, hielt erstaunt inne und blickte zu mir herüber: „Das hat mich ja noch nie jemand gefragt", gab er überrascht zurück. Offensichtlich waren hier so viele Leute mit Schmerzen, die schwer zu tragen hatten, da fielen die Angestellten und Pfleger schnell hinten runter. Aber dass sich noch nie jemand nach seinem Befinden erkundigt hatte, machte mich traurig.

Ich zog mein Shirt aus und setzte mich auf die Liege. Mein Blick richtete sich auf das Plakat an der Wand gegenüber, das die Muskelpartien und Knochen des Menschen zeigte. Dann spürte ich die öligen Hände, die meinen Rücken wohltuend kneteten, und schloss die Augen. „Ja, um ehrlich zu sein, mir geht es gar nicht gut", hörte ich Retos brüchige Stimme hinter mir. „Von meiner Sehkraft sind mir nur noch zehn Prozent geblieben, ich erblinde allmählich." Betroffen schlug ich die Augen auf und spürte einen Kloß im Hals. Das sah man ihm gar nicht an! Und tagtäglich kümmerte er sich um andere Menschen, damit sie wieder gesund wurden! Wie krass. Doch in diesem Moment stieg Hoffnung in mir auf: „Dann ist ja heute dein Glückstag!", munterte ich Reto auf. „Warum das denn?" „Na, ich bin hier", gab ich fröhlich zurück. „Und ich würde einfach gerne für dich beten." „Beten?", meinte der Therapeut ungläubig. „Ja, ich glaube an die Kraft des Gebets. Darf ich für dich beten und dich segnen?", fragte ich. „Ja, kannst du schon ...", erwiderte er zögerlich.

Während Reto weiterhin meinen Rücken bearbeitete und Verspannungen löste, sprach ich ein Gebet um Heilung, Frieden und Kraft und segnete ihn. Danach war es eine Weile ganz still hinter mir. Schließlich drehte ich mich zu Reto um und sah, dass er mit den

Tränen kämpfte. „Das tut ja unglaublich gut", brachte er schließlich überwältigt hervor, „so etwas habe ich noch nie erlebt!" Da wurde ich wieder traurig. „Das tut mir total leid. Mit Sicherheit bin ich nicht der erste Christ, dem du hier begegnest", sagte ich, „aber anscheinend der erste, der dich gesegnet hat! Weißt du, ich glaube, dass es der Auftrag von Christen ist, dass wir für andere da sind." Als wir uns verabschiedeten, weil der nächste Patient dran war, sah Reto ganz glücklich aus.

Am nächsten Tag kam mein Therapeut strahlend auf mich zugelaufen und rief: „David, ich sehe zwar noch nicht besser, aber ich habe so einen unfassbaren Frieden in mir. Da ist etwas ganz Wunderbares passiert in meinem Herzen." „Das ist total schön, wow! Gott ist so genial", freute ich mich mit ihm und nahm ihn überglücklich in die Arme. Kurz darauf wurde ich vom Personal angesprochen: „Sie haben für einen Therapeuten gebetet, ist das wahr?" Es klang wie ein Verhör. „Ja, das stimmt", erwiderte ich offenherzig. Ich war mir keiner Schuld bewusst. „Soll ich auch für Sie beten?" Kopfschüttelnd und etwas ratlos ließen die Pflegekräfte mich gewähren. Offenbar begannen die Leute zu beobachten, was ich als Christ tat. Das konnten sie nicht einordnen und es war ihnen neu.

Wie froh war ich, dass ich meine anfänglich miese Haltung schnell auf die richtige Bahn gebracht hatte.

„Sie nehmen Ihre Situation nicht ernst genug, David." Mit gerunzelter Stirn saß mir die Ärztin gegenüber und blätterte in meinen Unterlagen. Schon drei lange Wochen war ich nun in der Reha und hoffte, endlich nach Hause zu können. Ungeduld machte sich in mir breit und ich wollte wieder nach meinem eigenen Rhythmus leben. Mir brannte es unter den Nägeln, mich weiter um LOVE YOUR NEIGHBOUR zu kümmern. Und so viel mehr konnte man hier schließlich auch nicht für mich tun. Doch mit meiner Entlassung war die Ärztin so ganz und gar nicht einverstanden.

„David, ich will Ihnen noch etwas sagen. Ich habe mitbekommen, wie Sie alle hier motivieren. Sie sind zu fröhlich und locker. Würden Sie realisieren, wie Ihre Situation wirklich aussieht, wären Sie anders drauf, glauben Sie mir. Ich gebe Ihnen für alle Fälle Antidepressiva mit." Schallend lachte ich auf. „Das ist ja wohl ein Witz!" Mit leicht gesenktem Kopf schaute mich die Ärztin skeptisch über ihre Brillengläser hinweg an. So ein Patient war ihr wohl noch nicht untergekommen. „Ich sehe schon", begann Sie etwas versöhnlicher, indem sie ihre Brille zurechtrückte, „dass Sie an Jesus glauben und Ihnen das Kraft gibt. Aber Sie dürfen Ihre Situation trotzdem nicht so leichtnehmen." In diesem Moment wurde mir klar, dass das hier nicht Gottes Stimme war, die zu mir redete, sondern eine, die mich entmutigen und herunterziehen wollte. Entschlossen stand ich auf. „Das Zeug gegen Depressionen können Sie behalten", warf ich der Medizinerin noch entgegen. Dann verließ ich das Sprechzimmer.

In meinem Abschlussbericht war dann entsprechend zu lesen: „Er macht zwar überall mit, nimmt aber seine Situation nicht ernst. Er ist immer fröhlich und schaut nach den anderen." Mich machte diese Rückmeldung ehrlich gesagt ziemlich glücklich. Denn genau darum geht es mir: nicht um mich und den Fokus auf meine Schmerzen, sondern darum, dass ich anderen etwas geben kann, trotz allem und gerade wenn es mir nicht supergut geht. Gott hat mich gesegnet, um andere zu segnen. Durch Anjas Leben war mir schon immer deutlich geworden, dass Liebe sich verschenkt und schaut, wie es anderen geht. Das war mir wieder extrem wichtig geworden, als ich zu Gott zurückgefunden hatte. Immer mehr lernte ich danach zu fragen, was andere brauchten und was Jesus ihnen geben wollte in ihrer Situation. Es kommt nicht darauf an, ob ich mich gerade stark oder gesund genug dazu fühle. Sondern es liegt an meiner Entscheidung, ob ich mich als Segensträger verstehe und gebrauchen lasse oder ob ich meinen Befindlichkeiten, Schmerzen und Launen mehr Raum gebe.

Würde ich mich auf meinen Rücken, dessen Behandlung zunehmend aussichtsloser wird, konzentrieren, würde ich durchdrehen, das ist wahr. Einfach weil die Schmerzen so wahnsinnig sind und ich oft nicht tun kann, was ich gerne möchte. Aber je mehr ich lerne, nicht mein Leiden in den Mittelpunkt zu stellen, sondern Gott und den Wunsch, seine Liebe weiterzugeben, desto mehr bewahre ich mich davor, dass es mich ständig aus der Bahn wirft.

Es ist wie mit dem Meer. Ein einfacher Ball auf dem Wasser wird vom Wind und den Wellen durch die Gegend gewirbelt, hat keinerlei Halt. Aber eine Boje ist mit dem Grund verankert. Selbst wenn das Meer aufgewühlt ist oder ein Sturm peitscht, bleibt sie fest am Anker. Sie hat eine Lebensmitte, die sie stabil macht. So bin ich in Gott verankert und nicht den Umständen ausgeliefert. Die Verankerung gibt mir Stärke und Festigkeit. Trotz aller Schmerzen und schwierigen Umstände finde ich dabei immer wieder neu die Kraft, von mir wegzusehen. Je weniger ich mich um mich selbst drehe, desto glücklicher und ausgeglichener bin auch ich. Darin liegt ja das Geheimnis. Statt Antidepressiva zu nehmen, weil ich meine Situation nicht ertrage, richte ich meinen Blick weg von mir. (Damit meine ich keineswegs, dass solche Medikamente nicht in bestimmten Situationen für Menschen hilfreich und wichtig sind.) Aber für mich war es nicht die Lösung. Dabei gebe ich zu, dass es absolut nicht immer easy ist, von den Schmerzen wegzuschauen. Nein, das übe ich ständig aufs Neue ein und muss es täglich durchbuchstabieren.

Meine beiden Rehaaufenthalte waren Zeiten, in denen ich voll ausgebremst wurde. Normalerweise lebe ich ziemlich hochtourig und bin viel unterwegs. Doch hier war ich wochenlang fixiert an einen Ort. Gott sei Dank lagen die Kliniken nicht weit weg von meiner Familie und meinen Freunden und ich bekam viel Besuch. Mein Onkel Michael kümmerte sich viel um mich während der Rückengeschichten und kam häufig vorbei, auch Mamas zweiter Bruder, Stephan, der weiter weg wohnt und beruflich extrem eingebunden ist, rief mich sehr oft an.

Doch auch ich hatte weiterhin ein offenes Ohr für die Bedürfnisse und Sorgen meiner Freunde. Ich hörte ihnen zu, sprach mit ihnen und ermutigte sie im Glauben.

An einem Nachmittag im Januar, es war längst dunkel draußen, klopfte es an meine Tür. Als ich „Herein!" sagte, trat ein Freund von mir aus der Gemeinde fröhlich ins Zimmer. Im Schlepptau hatte er einen Kumpel, Luca, den er mir vorstellte. Ich freute mich total über den Besuch. Mit meinem versteiften Rücken und den heftigen Schmerzen war ich ans Bett gefesselt. Also nahmen sich die Jungs Stühle und setzten sich zu mir. Keine fünf Minuten und wir waren in einem tiefen Gespräch über Gott, das Leben und den Glauben. Mir tat es gut, dass die beiden da waren. Und ich glaube, Gott hat ihnen auch durch mich etwas gegeben. Nach ein paar Stunden, als es für mich Zeit zum Abendessen war, machten sich die zwei wieder auf den Weg. Zum Abschied umarmten sie mich und ich blickte ihnen dankbar nach.

Gerade als die beiden die Tür hinter sich zuziehen wollten, kam der fixe Gedanke in meinen Kopf, dass ich Luca noch etwas Wichtiges mitgeben solle. „Luca", rief ich, „komm bitte noch einmal her. Ich muss dir etwas sagen." Verwundert drehte er sich um und trat noch einmal zu mir ans Bett. Ich blickte ihm direkt in die Augen und sprach ihm mit fester Stimme zu: „Luca, du bist ein Gewollter! Nur damit du es weißt." Stumm nickte er, dann verließen meine Kumpels das Zimmer. Viel hatte ich mir gar nicht dabei gedacht, es war einfach wieder ein Eindruck gewesen, dem ich gefolgt war.

So überraschte es mich sehr, als ich drei Stunden später eine SMS von meinem Freund erhielt. Offenbar hatten er und Luca sich auf der Rückfahrt noch lange unterhalten. Er schrieb: „David, ich will dir von Herzen danken für das, was du heute Abend zu Luca gesagt hast. Heute hatte er seine Lehre abgebrochen und wollte sich morgen das Leben nehmen. Im Auto hat er mir alles erzählt und wieder Mut gefasst." Die Härchen an meinen Armen stellten sich auf, mir wurde ganz kalt. Wie krass war das denn? Mit leerem Blick schaute ich zum Fenster hinaus und hatte die Szene wieder vor Augen, wie ich ihn noch einmal zurückgerufen hatte. Hätte ich mich in dem

Moment darum geschert, was er von mir denken könnte, wenn ich ihm so etwas aus heiterem Himmel sagte, dann hätte er sich womöglich umgebracht!

Ja, ich habe eine Verantwortung als Träger von Gottes Liebe. Und dabei geht es nicht um mich und was die anderen denken. Sondern um das, was ich anderen bringen kann. In ihre Situation hinein, in voller Abhängigkeit von Gott.

Auch in meiner ersten Reha, in einem ehemaligen Klosterkomplex, durfte ich Menschen etwas von Gott weitergeben. Beim Abendessen erzählte mir einmal meine Tischgenossin Julia, dass sie seit Ewigkeiten so schlecht schlief und eigentlich keine Nacht mehr am Stück zur Ruhe fand. Ich bot ihr an, dafür zu beten, und sie willigte ein. „Wow, plötzlich breitet sich so eine Wärme in mir aus", staunte sie nach dem Gebet. „Ja, das ist der Heilige Geist, das ist ganz normal", gab ich zur Antwort. Als ich am nächsten Morgen zum Frühstück kam, war Julia nicht da, auch zum Mittagessen blieb ihr Platz leer. Erst beim Abendbrot setzte sie sich plötzlich neben mich. Erstaunt blickte ich sie an und konnte ein Schmunzeln nicht unterdrücken. Ihr tiefenentspanntes Gesicht verriet schon alles. Lachend fragte Julia: „David, sag mal, was machst du mit mir? Ich habe bis gerade eben durchgeschlafen!" Jetzt lachte ich auch. Ja, so ist Gott. Er schenkt auch Schlafwunder, gerne auch mal 20 Stunden.

Aber das absolut Härteste habe ich in der Reha mit Thomas erlebt. Mit ihm hatte ich gleich am ersten Abend eine denkwürdige Begegnung. Kaum hatte ich meinen Fuß in den Speisesaal gesetzt, kam aus der hintersten Ecke des Raumes ein etwa 50-Jähriger im Rolli auf mich zugerast. Er postierte sich vor mir, strich sich mit einer ungestümen Bewegung die Haare aus dem Gesicht und fragte: „Stimmt's, du bist Christ?" Ich war baff: „Äh, ja!" Als ich ihn anblickte, beschlich mich ein ungutes Gefühl. Er sah richtig böse aus, mit seinen langen Haaren, dem wilden Vollbart und den funkelnden, zusammengekniffenen Augen. Schnell drehte ich mich um und suchte meinen Tisch.

Doch nur wenig später traf ich ihn wieder auf einem der zahllosen Gänge der Klosteranlage. Zielsicher rollte er auf mich zu und verkündete voller Überzeugung: „Ich bin auch Christ! Ich glaube an das Licht und bete zu ihm." Ich stutzte. So ganz koscher klang mir das nicht. Ich glaube zwar auch, dass Jesus das Licht der Welt ist, aber ich bete nicht das Licht an, sondern Jesus. Thomas erzählte mir auch spezielle Storys wie: Petrus, der Jünger von Jesus, sei ihm einmal erschienen und dass er Dinge in der unsichtbaren Welt sehe. „David, da ist ein Drache!" Oder: „Schnell, zieh mir die Schlange aus dem Ohr raus!", rief er dann unvermittelt. Ehrlich gesagt verwirrte mich das ziemlich. Als er mich aufforderte, am nächsten Tag in sein Zimmer zu kommen, damit wir gemeinsam beteten, war mir nicht ganz wohl dabei. Aber aus irgendeinem Grund sagte ich zu. Vor dem Treffen mit Thomas ging ich einige Zeit nach draußen und bat Gott um Weisheit und die richtigen Worte für das Treffen mit ihm. Pünktlich um elf stand ich dann bei ihm auf der Matte. Der Rolli-Fahrer bat mich in sein Zimmer und betete für mich zum Licht. Dann wollte ich für ihn beten, doch er wimmelte entschieden ab: „Nee, nee, es reicht, wenn ich für dich bete." Irgendwie war das hier seltsam …

Die folgende Nacht war eine der schlimmsten, die ich je erlebt habe. Da es kurz vor Weihnachten war, hatte man viele Patienten entlassen und ein Trakt des Gebäudes war geräumt worden. Nur ich, der ich als Letzter angekommen war, hatte hier noch mein Zimmer. Völlig allein bewohnte ich diesen unheimlichen, einsamen Seitenflügel der Klosteranlage. Zu allem Überfluss kann ich Dunkelheit nicht sonderlich leiden, was mein ungutes Gefühl noch verstärkte. Nachdem ich dann doch endlich eingeschlafen war, kamen zwei Ärzte in den Raum. Mit düsterem Blick machten sie sich an mir zu schaffen. Dabei litt ich unerträgliche Schmerzen, sie hatten mir keinerlei Betäubung gegeben und begannen an mir herumzuschneiden. Schreckensbleich lag ich wie gelähmt in meinem Bett und konnte mich nicht wehren. Genüsslich verstümmelten mich die Ärzte, Stück um Stück. Ich schrie wie am Spieß. Hinter dem Rücken der Horrorärzte sah ich Thomas' Fratze, die unaufhörlich lachte. Eine Krankenschwester, die von meinen Schreien aufgeschreckt worden war, öffnete alarmiert die Zimmertür. Mit weit aufgerissenen Augen aus dem Traum geschreckt und von Schweiß durchnässt, krümmte ich mich in meinem Bett. Als sie mich da liegen sah, bemerkte die Pflegerin nur bissig: „Ja, ja, unser Medikamenten-Junkie, was?", und ging ohne ein weiteres Wort wieder hinaus. Allein in diesem Zimmer durchstand ich die schrecklichsten Todesängste. Alles war so real, die Schmerzen, die Ärzte, die Lähmung und Hilflosigkeit. Bis heute habe ich das Gefühl, dass ich diesen Albtraum wirklich mit Haut und Haaren erlebt habe.

Am nächsten Tag, es war der 24. Dezember, war ich wie gerädert und wusste, ich brauchte Back-up. Hier lief geistlich etwas Krasses ab, das packte ich nicht allein. Also rief ich meine Familie und Freunde an und bat sie, für mich um Schutz zu beten. Meine Schwägerin Madeleine gab mir ein Schutzgebet, Psalm 91, das ich sprechen konnte. Von da an hatte ich Gott sei Dank nur noch ruhige, angstfreie Nächte.

Ich merkte, wie ich Autorität bekam und ein sehr kraftvolles Gebet sprach, das etwas Großes in Bewegung setzte.

Als ich Thomas das nächste Mal begegnete, kündigte ich an, dass ich heute für ihn beten würde. Am frühen Abend fuhr er aus irgendeinem Grund auf meinem Gang im Geistertrakt umher. Da packte ich ohne Warnung die Griffe seines Rollis und schob ihn in mein Zimmer. „David, was machst du da?", fragte er mich erstaunt. „Ich hab was für dich, pass auf", antwortete ich verschwörerisch. „Wirklich?" Schnell schloss ich die Tür hinter mir ab und sagte: „Ja, heute bete ich für dich!" „Aber ich kann jetzt nicht beten", gab er verständnislos zurück. „Jetzt ist es dunkel, ich kann zum Licht doch nur beten, solange es hell ist." „Das macht nichts, du brauchst jetzt nicht zu beten", entgegnete ich und legte los. Mit geschlossenen Augen begann ich in einer fremden Sprache zu reden, die mir der Heilige Geist gegeben hatte. Ich merkte, wie ich Autorität bekam und ein sehr kraftvolles Gebet sprach, das etwas Großes in Bewegung setzte. Beinahe greifbar war der Heilige Geist im Raum. Wie geladen betete ich, mit einer außergewöhnlichen Schärfe. Ich bat um Vergebung für Thomas, schnippte mit dem Finger und spürte dabei, wie irgendetwas zerbrach und weichen musste. Dann schenkte Gott mir Eindrücke für Thomas, darüber, was in seinem Leben geschehen war und was Gott damit tun wollte. Als ich Thomas das zusprach, sah ich, wie ihm die Tränen nur so über die Wangen liefen.

Ich betete weiter und nach einer langen, sehr intensiven Gebetszeit spürte ich: Jetzt ist es durch. Stille. Langsam öffnete ich wieder die Augen. Völlig erschöpft und zusammengesackt hing Thomas in seinem Rollstuhl. Er brauchte einige Minuten, bis er sich berappelt hatte, dann blickte er zu mir auf und sagte noch ganz benommen: „So etwas habe ich noch nie erlebt. In meinem ganzen Leben noch nicht!" Kopfschüttelnd sah er vor sich hin und ergänzte fassungslos: „David, als du gerade gebetet hast in dieser anderen Sprache, da standen links und rechts von dir zwei riesige, leuchtende Engel, mindestens drei Meter groß."

Jetzt war auch ich sprachlos. Thomas erzählte weiter, dass sich während des Gebets der drückende Schmerz in seiner Brust, unter dem er schon jahrelang litt, plötzlich in Luft aufgelöst hatte. „Und es wurde ganz grün in mir. Weißt du, vorher war wie ein Sumpf in meiner Brust und jetzt ist dort eine grüne Wiese – und Ruhe kam in mein Herz. Ich fühle mich so unglaublich leicht!"

Schmunzelnd dachte ich an meine grüne Aue to go, die offenbar auch Thomas jetzt mit sich herumtrug. Dann erklärte ich ihm, was es mit Gott dem Vater, Jesus und dem Heiligem Geist auf sich hatte, dass der Heilige Geist hier gerade mächtig gewirkt hatte und Thomas nun mit seinem göttlichen Frieden erfüllte.

Am nächsten Morgen im Speisesaal begegnete ich einem komplett verwandelten Mann. Er war fröhlich und sang und pfiff während der Therapie, wie mir die erstaunten Pflegekräfte erzählten.

Als Thomas sich kurz danach seine Haare schneiden ließ, war er auch äußerlich kaum mehr wiederzuerkennen.

Drei Wochen später wurde ich aus der Reha entlassen. Thomas kam mir mit dem Rolli bis nach draußen hinterhergefahren. Zum Abschied hatte ich ihm eine Karte geschrieben und eine Bibel geschenkt. Die ganze Zeit weinte er und winkte mir lange noch hinterher, als ich im Auto meiner Eltern vom Klostergelände rauschte.

12

LET'S SPREAD THE LOVE

„Das bekommen Sie nicht durch, Herr Togni, das kann ich Ihnen gleich sagen!" Energisch schüttelte der Patentanwalt seinen Kopf. „Ich habe mir mal Ihr Unternehmen angeschaut. Einen Markennamen mit religiösem Inhalt oder einer Handlungsaufforderung kann man nicht schützen. Maximal das Logo."

Verwirrt saß ich in seinem geräumigen Büro. Die zweite Reha lag noch keine drei Wochen hinter mir. Aber ich wollte mit LOVE YOUR NEIGHBOUR weiter durchstarten und keine Zeit verlieren. Die Vision, die Gott mir vor zwei Jahren gegeben hatte, brannte weiter in mir. Seit ich überglücklich das druckfrische Shirt der ersten Kollektion in der Hand gehalten hatte, war einiges passiert. Auf Facebook verfolgte inzwischen eine riesige Community die Storys über gelebte Nächstenliebe. Das Label wuchs, das erste Anker-Design, das ich gedruckt hatte, wurde bald abgelöst von weiteren Entwürfen, es gab neue Kollektionen und Marketingideen. Wir kreierten nun auch ein festes Logo – einen Lorbeerkranz mit dem Slogan LOVE YOUR NEIGHBOUR. Nach meinem Stand auf dem Suisse Design Markt waren die Bestellungen von LYN-Produkten in die Höhe geschnellt. Je mehr das Label Fuß fasste, desto wichtiger wurde mir, es auch auf eine solide, unangreifbare Basis zu stellen.

Der Mann, dem ich hier gegenübersaß, war zweifellos ein Experte auf seinem Gebiet, einer der prominentesten Schweizer Fachanwälte für Markenschutz. Natürlich leuchtete mir ein, was er sagte. Bekannte Worte aus der Bibel als Marke eintragen zu lassen, war steil. Dennoch drängte es mich, LYN in Europa zu schützen. Mittlerweile gab es sogar schon einige Investoren, die Interesse am Label gezeigt hatten, die es mir abkaufen oder sich daran beteiligen wollten. Aufgrund des Erfolgs musste ich mich auch auf Konkurrenz oder Trittbrettfahrer einstellen.

Über Wochen hatte ich mich durch die unzähligen Dokumente des komplizierten Schweizer Patentantrags geackert und sie zusammen mit Florian ausgefüllt. Zu allem Überfluss mussten wir die Unterlagen auch noch auf Französisch einreichen. Drei Mal bekamen wir die niederschmetternde Rückmeldung, dass auf irgendeiner Seite der hundert Formulare etwas nicht stimmte. Was für ein aufreibender Papierkrieg! Stoisch versuchten wir es ein viertes Mal und in der Zwischenzeit verabredete ich, auf die Empfehlung eines Freundes hin, einen Termin mit dem renommierten Juristen.

„Schauen Sie mal, was ich gerade vor ein paar Tagen bekommen habe", setzte ich nach seiner schlechten Prognose an und holte den Antwortschrieb Nummer vier vom Schweizer Patentamt hervor. Mit einem leichten Kopfnicken nahm der Anwalt das Dokument entgegen und überflog es aufmerksam. Überrascht blickte er auf: „Das gibt es doch nicht! Wer hat den Antrag hierfür gestellt?", fragte er völlig perplex. „Ein Freund und ich zusammen", gab ich schulterzuckend zurück. „Das ist kaum zu fassen. Alles perfekt, alles stimmt, wie es hier steht. Ist Ihnen klar, was das bedeutet? Herr Togni, dieser Schrieb ist eine astreine Bestätigung. Sie haben vom Schweizer Patentamt die Zustimmung, dass LOVE YOUR NEIGHBOUR als Modelabel geschützt ist!"

Ungläubig blickte er erneut auf das Papier vor sich. „Ganz ehrlich, junger Mann. In meinen 15 Jahren als Patentanwalt ist mir so ein Fall noch nie untergekommen. Das ist unglaublich!" Ja, dass ich das Schweizer Patent bekommen hatte, war ein Wunder. Aber der Hammer kam erst noch: Dann klärte mich der Jurist nämlich darüber auf, dass es mit dieser Bewilligung überhaupt kein Problem mehr sei, die Marke auch in ganz Europa schützen zu lassen. „Unser eidgenössisches Patentrecht ist eines der härtesten. Was hier durchgeht, geht überall durch!" Ich staunte, dass unsere akribische Arbeit nicht umsonst gewesen war, und fühlte mich einfach nur unfassbar beschenkt. Dass ich LYN europaweit schützen konnte, war offenbar auch Gott ein großes Anliegen.

Ich wusste, dass es megawichtig war, gut und verantwortlich mit dem Label umzugehen. Also beauftragte ich den Juristen, LOVE YOUR NEIGHBOUR als Marke für Textilien und Accessoires europaweit eintragen zu lassen. Dazu gehörte, dass er sorgfältig recherchierte, ob es auf dem Markt nicht schon ein ähnliches, länger bestehendes Unternehmen desselben Namens und mit eingetragenem Schutz gab. Dieses würde mir am Ende nämlich einen Strick daraus drehen können, dass ich ihm die Kunden abschöpfte. Und dann wäre meine Investition umsonst gewesen. Doch der Antrag, den der Anwalt in meinem Namen stellte, ging nach einigen Monaten tatsächlich durch und LOVE YOUR NEIGHBOUR ist seitdem auch in Europa geschützt.

> „Sie haben die Zustimmung,
> dass LOVE YOUR NEIGHBOUR
> als Modelabel geschützt ist!
> Das ist unglaublich!"

Einmal mehr hatte Gott etwas, das nach menschlichem Ermessen ein Ding der Unmöglichkeit war, einfach so passieren lassen. Unbeschreiblich! Zwei Freunde von mir, denen das Label sehr am Herzen liegt, finanzierten die nicht gerade günstige Markenregistrierung: Florian, mit dem ich die Anträge ausgefüllt hatte, glaubte so fest an die Vision, dass er mir die Schweizer Patentanmeldung von seinem Studiengeld bezahlte. Benjamin, ein anderer enger Freund, übernahm die Kosten für den europaweiten Schutz. Was für ein Geschenk – Hammer!

Zwei geniale, intensive Jahre mit dem Label lagen nun also schon hinter mir und das Unternehmen mit all seinen Aufgaben wuchs. Allmählich wurde klar, dass ich dringend Unterstützung brauchte. Nicht nur die Zahl an Bestellungen nahm zu, die bearbeitet, verschickt und eingebucht werden mussten. Drei Mal im Jahr entwarf ich jetzt außerdem neue Kollektionen, inzwischen zusammen mit

Silvan, einem guten Freund, und anderen Jungdesignern. Um die frischen Klamotten zu fotografieren und ansprechend zu vermarkten, organisierte ich professionelle Shootings an tollen Locations und machte über die Sozialen Medien einen Countdown bis zum Release.

Auch die Palette der Artikel, die LOVE YOUR NEIGHBOUR vertrieb, wurde immer breiter und bunter: Hemden, Caps, Taschen, Ketten, Ringe, Rucksäcke, Wintermützen, Handy- und Notebook-Cases … Zusätzlich gab es die Promotion zu überdenken, coole Give-aways und Eyecatcher als Werbeartikel zu produzieren. Wir designten Flyer, Aufkleber für Autos, Bierdeckel mit dem Lorbeerkranz oder Magneten. Mit befreundeten Filmemachern hinter und Bekannten vor der Kamera drehten wir sogar einen Visionsfilm für unsere Website.

Die Message, die Gott mir gegeben hatte, schlug voll ein und verbreitete sich wie ein Lauffeuer. Zunehmend wurde ich für Zeitungen, Magazine und fürs Fernsehen interviewt. Und schließlich ging es damit los, dass ich angefragt wurde, auf Events zu sprechen und zu predigen. Einladung folgte auf Einladung und mein Terminkalender war im Nullkommanichts randvoll.

**Die Message, die Gott
mir gegeben hatte, schlug voll ein
und verbreitete sich wie ein Lauffeuer.**

Mit all dem Wachstum wäre es schon allein ein Fulltime-Job gewesen, nur die Sozialen Medien zu füttern, als Gründer und Geschäftsführer ansprechbar zu sein und die Kontakte zu pflegen. Doch es gab noch irre viel mehr zu tun, tausend Baustellen auf einmal und täglich kamen mehr Aufgaben und neue Ideen dazu. Von dem ganzen Papierkram und den von mir nicht sonderlich geliebten Zahlen ganz zu schweigen. Bald wusste ich nicht mehr, wo mir der Kopf stand.

172

Glücklicherweise stieg dann Papa mit ein, der ein Unternehmer durch und durch ist und es liebt, Struktur und Linien in Abläufe zu bringen. Was ja eher nicht so mein Ding ist. Keine Frage, prallten wir mit unseren Vorstellungen und besonders dem unterschiedlichen Tempo und Grad an Impulsivität anfangs immer wieder heftig aufeinander. Wenn ich eine Idee habe, dann will ich sie am liebsten immer schon gestern umgesetzt sehen. Wenn Papa eine Idee hat, will er erst einmal alles durchdenken, abwägen und ein ausgefeiltes Konzept entwickeln. Ja, wir sind enorm unterschiedlich, nicht zuletzt mit unserem absolut gegensätzlichen Anspruch an Perfektion. (Und in vielem doch so ähnlich ...) Doch ich weiß, dass ab einer bestimmten Unternehmensgröße Klarheit in alle Abläufe hineinkommen muss. Also packen wir es nun zusammen an. Für mich bedeutet es eine unglaubliche Entlastung zu wissen, dass mein Vater den buchhalterischen Überblick hat und mir auch ein wertvoller, vorausschauender Berater ist. Mögliche Risiken oder zu erwartende Entwicklungen erkennt er recht früh. In meiner visionären Impulsivität habe ich die nicht unbedingt auf dem Schirm. Manchmal sehe ich es erst im Nachhinein ein, dass er recht hatte mit seiner Einschätzung.

Auch ist meine Mutter eine unverzichtbare Stütze im Versand geworden. Sie verpackt alle Bestellungen mit derselben liebevollen Sorgfalt und schickt jedes Päckchen mit einem individuellen Segen auf den Weg. Mario, mein Lieblingsfotograf, steht oft für die Shootings hinter der Kamera – für neue Kollektionen wie für Porträtbilder von mir für Artikelanfragen oder das Cover dieses Buches. Außerdem habe ich ein tolles Team, das mich in Sachen Social Media und im PR- und Event-Bereich mega unterstützt. Sei es beim Sommerfest, bei Großveranstaltungen, wo wir mit einem Stand vertreten sind – wie der EXPLO 2015 in Luzern –, wenn ich in Gemeinden oder bei Jugendgottesdiensten predige, beim Lagerverkauf oder Aktionen wie den *BAGS of LOVE*, die an Flüchtlinge verteilt wurden. Ohne die vielen Leute, die mit anpacken, könnte ich die riesigen Anforderungen und die vielen Ideen und ihre Umsetzung längst nicht mehr stemmen.

Mit den *BAGS of LOVE* machten wir eine ganz besondere Geschenkaktion zum Fest der Liebe. Diese schönen Jutebeutel mit einem LYN-Logo konnte man mit dem Nötigsten für ankommende Flüchtlinge füllen: mit Hygieneartikeln wie Shampoo, Zahnpasta und Zahnbürste, haltbaren Lebensmitteln und Früchten. Und natürlich war darin ein nagelneues T-Shirt, das wir extra für Flüchtlinge designt hatten. Kurz vor Weihnachten machten sich dann einige Volontäre von LYN mit einer großen Ladung gefüllter Säckchen auf nach München. Gemeinsam mit Leuten vor Ort, die sich um ankommende Flüchtlinge kümmerten, verteilten sie die Bags an Menschen, die nach ihrer langen Odyssee entlang der Balkanroute am Münchner Hauptbahnhof strandeten. LOVE YOUR NEIGHBOUR hat 120 Säckchen gesponsert, durch die Beteiligung etlicher Spender wurden aber viel mehr verteilt.

Um Multiplikatoren zu inspirieren, postete ich die Idee. Viele Leute kauften die Jutebeutel dann auch privat und gaben die kleinen Geschenktaschen an Flüchtlinge und Bedürftige in ihrem Umfeld weiter. Einfach genial! Genau dafür schlägt mein Herz, dass Leute angeschubst und zur Antwort werden auf Not und Bedürfnisse um sie herum. Ein neues Hilfsprojekt aufbauen möchte ich nicht, aber viele Menschen dazu motivieren zu helfen. Praktische Liebe ist im Alltag so einfach umzusetzen!

Bei den vielen Aktivitäten, Einfällen, Einladungen und Reisen gab es aber auch eine enorm wichtige Lektion, die ich lernen musste – und immer noch lerne: Nein sagen. Nein zu einigen der tausend Ideen, die permanent in meinem Kopf herumschwirren. Nein zu Vorschlägen von anderen oder Anfragen, die ich einfach nicht erfüllen kann. Längst schaffe ich es nicht mehr, auf alle Mails, die ich erhalte, ausführlich zu reagieren. Es sind einfach zu viele. In der Folge muss ich damit leben, dass mir andere das möglicherweise übel nehmen oder mir ihre Enttäuschung zeigen. Doch dass es schlichtweg unmöglich ist, es allen recht zu machen, war mit das Erste, was ich als Geschäftsführer gelernt habe.

Dann gab es herausforderndere Absagen wie das Nein zu verlockenden Angeboten von Investoren, die LOVE YOUR NEIGHBOUR aufkaufen oder sich beteiligen wollten. Früher hätte ich das Cash gerochen und wäre direkt darauf eingestiegen. Aber inzwischen hatte Gott meinen Charakter geschliffen, also sagte ich ab. Dass ich das Modelabel nicht verkaufen oder hergeben sollte, war mir sowieso klar. Gott hatte mir LYN anvertraut und ich wollte ein treuer Verwalter sein. Bei den unzähligen Angeboten von (zum Teil sogar sehr großen) Kleiderläden, meine Sachen in den Verkauf zu nehmen, war das schon schwieriger. Doch ich spürte, dazu ist für LOVE YOUR NEIGHBOUR noch nicht die richtige Zeit. Vorher braucht es noch eine fundierte und solide Basis. Deshalb habe ich erst mal abgesagt.

Als verschiedene Medien auf mich und LYN aufmerksam wurden, lernte ich den Umgang mit der Presse kennen. Manche wollten eine Story mit mir machen, aber mit „Maulkorb". Sie stellten die Bedingung, dass ich nicht vom Glauben redete. Angeblich passte das nicht in die Medien. Da zog ich nicht mit. Wenn ich die Story erzähle, dann vollständig, nicht in abgespeckter, salonfähiger Fassung. Mit Marco, einem ehemaligen Chef aus der Finanzbranche, der inzwischen auch gläubig ist, tun sich jetzt fernab von unserem früheren Arbeitskosmos ganz neue Projekte auf. Irre, wie wir auf einem neuen Fundament einen wunderbaren Draht zueinander haben. Marco ist inzwischen im Medienbereich unterwegs und vermittelt mir Möglichkeiten, die mich umhauen, darunter ein Interview mit der größten Onlinezeitung der Schweiz oder Kontakte zum Fernsehen. Das alles mit dem Zugeständnis, dass ich frei von der Leber weg erzählen kann.

Immer wieder gibt es auch Leute, die ein Social Fashion Label und einen großzügigen Gründer damit verwechseln, dass alles umsonst ist. Keine Frage – Großzügigkeit ist mir enorm wichtig und für mich ganz natürlich. Ich bin davon überzeugt, dass reine Liebe gerne gibt, ohne im Gegenzug etwas dafür zu erwarten. Gleichzeitig glaube ich aber auch, dass der Wert einer Sache von dem Preis bestimmt wird, den man dafür investiert. Das ist ein göttliches Prinzip. Hat es Jesus nicht alles gekostet, als er für uns gestorben ist? Was sagt das im Umkehrschluss über uns aus? So wertvoll sind wir, dass er diesen Preis gezahlt hat!

Schon viele Leute kamen zu mir und wollten ein T-Shirt geschenkt bekommen. Immer wieder habe ich Nein gesagt. Wenn es um bedürftige Menschen geht, die sich selbst kaum Klamotten leisten können, gebe ich gerne. Wenn jemand ein Projekt im Ausland unterstützt, Kinder oder Benachteiligte in Entwicklungsländern, dann schicke ich LYN-Kleidung mit Freude im Herzen auf den Weg. Doch in vielen Fällen habe ich Anfragen abgelehnt, weil ich die Erwartungshaltung dahinter infrage stellen wollte. Was ist dir etwas wirklich wert? Mir ist wichtig, dass Leute das Bewusstsein bekommen, dass sie in eine Vision investieren und dass damit ein Umdenken bei ihnen ausgelöst wird. Es kostet etwas, bedingungslos zu lieben, ja, es hat seinen Preis. Aber genau deshalb ist es so wertvoll. Allerdings können wir nur bedingungslos lieben, wenn wir voll verbunden sind mit Gottes Liebe.

Ein anderes Nein habe ich mir immer wieder selbst in Erinnerung rufen müssen. Hoffnungsvoll wünschte ich mir, dass meine Glaubensvorbilder ein Cap, ein Shirt oder sonst etwas von LYN tragen und so die Message verbreiten würden. Doch Gott hatte mir ganz deutlich gesagt, ich solle keine Menschen ansprechen, um für mich Werbung zu machen. Ben Fitzgerald, ein sehr bekannter Pastor aus den USA, ist so ein Vorbild für mich. Ben hat selbst eine 180-Grad-Wende in seinem Leben erfahren. Durch Gottes Liebe wurde er vom Drogendealer zum brennenden Jesus-Nachfolger und prägt mich mit seiner radikalen Art, Gottes Liebe praktisch zu leben, enorm. Oft schaue ich mir online Predigten von ihm an und bin tief beeindruckt. 2014 endlich, bei einem Besuch seiner Gemeinde, der Bethel Church in Kalifornien, hatte ich die Gelegenheit, Ben persönlich kennenzulernen. Ich freute mich riesig. Allerdings habe ich ihm bei unserem kurzen Gespräch gar nicht von LOVE YOUR NEIGHBOUR erzählt.

Wieder zu Hause, ertappte ich mich einige Male dabei, wie ich anfing eine Mail an Ben zu schreiben. Ich wollte ihn fragen, ob er nicht ein Shirt möchte und mir dann ein Foto schickt, wenn er es trägt. Aber Gott hat doch so klar gesprochen!, schoss es mir dann durch den Kopf. Also löschte ich die angefangene Mail wieder.

Einige Zeit später machte mein iPhone an einem Mittwochmorgen einen vertrauten Sound: Eine Mail war eingegangen. Neugierig tippte ich sie an und sah völlig geflasht, dass Ben mir eine Nachricht geschickt hatte. Aufgeregt öffnete ich sie und las: Ben hatte durch „Zufall" von meinem Label erfahren und fragte, ob er ein LYN-Shirt von mir anziehen dürfe, wenn er zu seinem nächsten Einsatz (mit viel Publikum!) nach Europa kommt. Mir klappte die Kinnlade runter. Gott, du lässt dir auch nichts nehmen, oder? Sofort machte ich mich auf ins Lager, packte einige Shirts zusammen und brachte das Päckchen zur Post. Wenige Wochen später ging es los, Ben trug die Shirts bei vielen Events und Predigten und ich postete die Bilder, wie er meine Sachen trug. Wow!

Insgeheim wünschte ich mir auch, dass meine Lieblingssängerin Steffany Gretzinger, die den Lobpreis in der Bethel Church leitet, ein T-Shirt von LOVE YOUR NEIGHBOUR trägt. Doch auch hier hielt ich die Füße still. Weihnachten 2015 machte mein Herz dann einen Sprung: Eine Freundin schickte mir einen YouTube-Link, in dem Steffany mit einem LYN-Shirt auf der Bühne steht! Ich hätte vor Freude fast geweint, als ich das Video anschaute. Ist es nicht unglaublich, dass Gott einfach alles weiß und unsere Herzenswünsche nicht nur kennt, sondern sie auch erfüllt?

Einmal mehr konnte ich nur anerkennen, dass es nie geklappt hätte, hätte ich versucht die Türen auf eigene Faust aufzumachen oder allein loszumarschieren. Nein, Gott hatte seine Wege und das ganz ohne offensives Zutun oder Bitten von meiner Seite. Er wusste schon, wie er LYN gebrauchen und seine Botschaft unter die Leute bringen konnte.

Mein größtes Anliegen bleibt es nach wie vor, Menschen anzustecken und in Bewegung zu bringen. Um das Label geht es gar nicht in erster Linie, sondern es ist wie ein Türöffner oder ein Transportmittel für die Message der Liebe. Gott kann durch die Vision, die er mir gegeben hat, und das, was ich erlebt und gelernt habe, zu Menschen sprechen. Und plötzlich taten sich Möglichkeiten für mich auf, vor größerem Publikum davon zu erzählen. (Die Größe spielt für mich allerdings überhaupt keine Rolle, denn jeder Einzelne ist wichtig.)

**Mein größtes Anliegen ist es,
Menschen in Bewegung zu bringen.
Das Label ist nur ein Türöffner.**

Anfang 2014 rief mich Christian an. Ihn und seine Frau Gabriela kannte ich aus meiner Zeit im Bündnerland. Christian leitete eine junge Church in Chur und lud mich ein, in einem Gottesdienst zu sprechen. Zuerst ein wenig verblüfft, weil ich noch nie gepredigt hatte, nahm ich die Herausforderung geehrt an. Zu diesem besonderen Anlass kamen sogar meine Freunde David und Beno extra den langen Weg aus Singen angefahren, wow! Mit Elena zusammen saßen sie gespannt in der ersten Reihe.

Aufgeregt war ich nicht, denn ich hatte Gott gefragt, worüber ich sprechen soll. Er hatte mir geantwortet, ich solle einfach mein Herz teilen, aber mich nicht auf meinen Auftritt vorbereiten. Das Einzige, was ich vor dem Abend noch machte, war, zu Obi zu fahren und einen Meter roter Schnur zu kaufen. Diese hielt ich in die Höhe, als ich auf die Bühne stieg, und begann meine Predigt mit den Worten: „Wer heute Abend den roten Faden sucht, kann am Ende vorbeikommen und ihn hier abholen." Einige Zuhörer lachten, andere schauten etwas irritiert. Ohne die Miene zu verziehen, legte ich die Schnur an den Bühnenrand und fuhr dann in aller Ruhe fort: „Ehrlich gesagt weiß ich nicht, worüber ich heute Abend reden soll. Steht doch bitte alle auf und betet für mich."

Dass dieser Einstieg ziemlich unkonventionell war, war mir klar. Aber das juckte mich nicht. Nach dem kollektiven Gebet schoss mir tatsächlich eine Story nach der anderen in den Kopf, die ich mit Menschen auf der Straße und mit Gott erlebt hatte. Während ich erzählte, begannen viele zu weinen. Einige kamen am Ende des Gottesdienstes zu mir und gaben mir begeistert Feedback oder wollten nicht glauben, dass ich zum ersten Mal gepredigt hatte.

Als ich nach Hause ging, dachte ich nicht weiter über diesen Abend nach. Mein Auftritt war gefilmt und ins Netz gestellt worden und viele teilten das Video bei Facebook. Mir war das unangenehm, also nahm ich die Markierungen mit meinem Namen raus. Anfangs ahnte ich nicht, dass dies der Auftakt sein würde für ein volles Jahr, in dem ich bald an so gut wie jedem Wochenende irgendwohin eingeladen wurde. Innerhalb kürzester Zeit war ich von null auf hundert ausgebucht.

Allein im ersten Jahr, in dem ich auf Events oder in Churches sprach, hatte ich 36 Wochenendtermine. Ganz schön krass, nicht zuletzt weil ich seither selbst kaum noch regelmäßig in einen Gottesdienst gehen kann und auch Elena an Weekends nur noch wenig sehe. Aber das ist die Season, in die mich Gott mit LOVE YOUR NEIGHBOUR gerade stellt. Darin unterstützt mich meine Freundin auch total und ich bin ihr sehr dankbar dafür. Manchmal begleitet sie mich, oft sind auch ein paar Freunde dabei aus meinem tollen Team, die dann eine persönliche Story von sich erzählen und mir anschließend am Verkaufsstand helfen.

„Ich bin heute Abend nicht hier, um eure Seele zu streicheln", beginne ich meistens meine Message. Gezielt vorbereitet bin ich für die Events nie. Meine Hauptbotschaft ist klar, dass wir die Träger von Gottes radikaler Liebe in dieser Welt sind. Manchmal habe ich einen Eindruck, was ich an diesem Ort noch speziell sagen soll, oder lasse mich von Gottes Geist leiten. Mein Ziel ist es nicht, den Zuhörern eine schöne Zeit zu geben, damit sie später wohlig und selbstzufrieden eine Kerze anzünden und sich gebauchpinselt fühlen. Nein. „Ich wünsche mir, dass ihr heute eine Entscheidung trefft, dass ihr euer Herz berühren und transformieren lasst von dieser überwältigenden Liebe Gottes. Dass ihr aufsteht und mit dieser Liebe die Welt verändert. Denn es geht nicht mehr um dich, mich, uns. Lasst uns aufhören, auf uns selbst zu schauen, damit wir einen Unterschied machen in dieser Welt." Die betretene Stille, die dann eintritt, kenne ich bereits gut. Wenn ich ins Publikum schaue, fange ich einzelne skeptische Blicke auf, in der Regel aus der hintersten Reihe …

Vor Kurzem erst hockte ganz hinten rechts wieder so ein Cooler, lässig Kaugummi schmatzend. Leidenschaftlich begann ich zu sprechen und blickte immer wieder zu ihm hin. Wie er so dasaß mit seinem Cap, erweckte er den Anschein, als ob alles an ihm abperlen würde. Doch nach nicht einmal einer halben Stunde hatte er plötzlich den Kopf gesenkt und hielt die Hände vor sein Gesicht. Lautlos schniefte er. Ich erzählte weiter von der Liebe Gottes, die mein Leben umgekrempelt hatte und wie sie in mir brannte für Obdachlose und Bedürftige. Von dem, was ich auf der Straße mit ihnen erlebte, von ihren aufrichtigen, oft so geschundenen Herzen. Dass ich sie lange in den Arm nahm, sie spürte, roch und dabei jedes Mal etwas in mir erschüttert wurde, weil mir die wunderbare Annahme Jesu dabei in Fleisch und Blut überging.

Wieder blickte ich zu dem Teenager in der letzten Reihe und wusste einfach nur: Es ist gut. Gott ist da und tut, was dieser Junge jetzt braucht. Das ist mein größtes Anliegen, dass Menschen die Liebe des Vaters sehen, dass sie eine Begegnung mit Jesus Christus haben und ihr Leben dadurch verändert und ihre Bereitschaft, sich zu verschenken, freigesetzt wird.

Im Sommer 2015 erhielt ich überraschend einen Anruf. Am anderen Ende der Leitung hörte ich die fröhliche Stimme einer Lektorin vom Brunnen Verlag. Ob ich Interesse hätte, meine Biografie zu veröffentlichen? Innerlich zögerte ich. Die bewegte Story über den Mann hinter LYN zu publizieren, hatten mir schon verschiedene Leute angeboten. Obwohl es verlockend klang, hatte ich doch nie wirklich Frieden gespürt. Meine größte Sorge dabei war mein Stolz und dass ich noch nicht bereit dafür war, mit so einer Aufmerksamkeit gut umzugehen. Ein Buch war etwas anderes als ein Post bei Facebook oder ein Interview in einer Zeitschrift. Natürlich bereitete es mir auch Unbehagen, dass mich Leute angreifen könnten nach dem Motto: „Jetzt ist ihm sein Erfolg komplett zu Kopf gestiegen, jetzt veröffentlicht er auch noch seine Biografie!" Und irgendwie war genau das auch ein seltsames Gefühl – meine Lebensgeschichte veröffentlichen, wo ich gerade mal 28 Jahre alt war! Und sowieso – jeder hat doch ohne Ausnahme eine spannende, einmalige Lebensgeschichte zu erzählen. Warum sollte man ausgerechnet meine an die große Glocke hängen? Ich grübelte. Diente so eine Biografie der Vision von LOVE YOUR NEIGHBOUR? Mit all meinen Fragen war mir vor allem wichtig, dass Gott dahinterstand. Aber auch dass der Zeitpunkt passte und die Chemie mit allen Beteiligten stimmte.

Während ich also mit Konstanze vom Verlag telefonierte, verflog mein anfängliches Zögern allmählich. Nach wenigen Minuten spürte ich das brennende Herz der Lektorin und wusste innerlich: Ja, das passt. Trotzdem bat ich noch um Bedenkzeit, um mir alles in Ruhe durch den Kopf gehen zu lassen. Als ich auflegte, fühlte ich mich unruhig und war aufgewühlt. Ich fackelte nicht lange, sondern ging sofort auf die Knie, um meine Sorgen und die Entscheidung Gott hinzulegen. Abschließend betete ich: „Bitte gib mir ein Zeichen, damit ich weiß, ob mein Herz bereit ist."

So wartete ich ab.

Am selben Abend um zehn Uhr piepte mein iPhone. Aus heiterem Himmel war die Nachricht von einem Freund hereingeflattert, in der ohne wirklichen Zusammenhang stand: „David, ich glaube, du solltest ein Buch schreiben." Verblüfft legte ich das Handy zur Seite. Wie krass war das denn, bitte schön? Ich hatte doch niemandem von dem Angebot erzählt! Gut, das sieht für mich klar wie ein Zeichen aus, dachte ich. Also mache ich es. So gab ich dem Verlag meine Zusage und vertraute darauf, dass das der nächste Schritt war, um die Vision von LYN zu multiplizieren.

Ende September war ich zum Predigen in Berlin eingeladen und nutzte die Zeit, um die Autorin dort zu treffen, die meine Geschichte zu Papier bringen sollte. Als Andrea an einem sonnigen Herbstmorgen in mein Hotel zum Frühstück kam und wir uns zum ersten Mal unterhielten, bestätigte sich der Frieden. Ja, es passte einfach perfekt. Auch weil sie nicht viel älter ist als ich und mir wichtig war, dass jemand gedanklich nah an mir dran ist. Noch dazu ist auch sie hochsensibel, das konnte kein Zufall sein. Jetzt kam riesige Vorfreude auf das Buch in mir auf. Am liebsten hätte ich die fertige Bio schon sofort in Händen gehalten! Doch der Startschuss war gerade erst gefallen.

Im Verlauf der kommenden Wochen und Monate gab es immer wieder Zeiten, in denen ich plötzlich innehielt und dachte: Krass, ein Buch über mich? Das ist echt heftig. Der Punkt war gar nicht mehr so sehr der Stolz, als dass mir bewusst wurde, wie verletzlich ich mich machte, wenn ich alle Hüllen fallen ließ und so transparent meine Geschichte erzählte. Es kostete Mut, das wurde mir jetzt richtig bewusst. Doch auch hier galt schließlich, dass mein altes Selbst längst gestorben war. Was konnten mir Kritik oder auch Lob also wirklich noch anhaben? Und wenn Gott mich als Multiplikator gebrauchte, um seine himmlische Kultur der Liebe zu verbreiten und andere damit anzustecken, dann war ein Buch einfach nur logisch. So machte ich zwei Reisen zu Andrea nach Berlin, um ihr meine Geschichte, meine Gedanken, Erinnerungen und unendlich viele kleine Details meines Lebens zu erzählen.

Berlin ist ein heftiges Pflaster. Unglaublich, wie vielen kaputten, bedürftigen Menschen man überall begegnet. Am Abend nach einer unserer intensiven Sessions, in der ich meine Vergangenheit und auch viele schmerzliche Momente emotional neu durchlebt hatte, ging ich noch zum Abschalten in die Stadt. Eigentlich wollte ich am Alexanderplatz nur umsteigen auf meinem Weg zum Bahnhof Zoo. Doch an diesem Ort, dem Ostberliner Zentrum, begegnete ich in kurzer Zeit so viel Zerbruch und Not, dass es mich fast überwältigte. Meine Hochsensibilität, die mich sehr schnell spüren lässt, was in Menschen um mich herum vorgeht und was sie bedrückt, verstärkte die Wucht der Atmosphäre. Hier an diesem Platz löste das fast einen Overkill für meine Seele aus. Meine Reize waren überflutet, ich sah den Schmerz all der Leute um mich herum. Angestrengt bemühte ich mich zu fokussieren, alles gleichzeitig konnte ich nicht tun.

Wenn ich mich von Gottes Geist leiten lasse, weiß ich, wohin ich gehen soll, wo ich beten kann, und Gott übernimmt.

Also ging ich zuerst auf eine Flüchtlingsfamilie zu, die mit ihrer wenigen Habe im Bahnhofsgebäude saß und um Geld bat. Nachdem ich sie gefragt hatte, ob ich ihnen etwas zu essen kaufen kann, stellte ich mich bei Burger King an. Dort drin sah ich einen Mann, der ein kürzeres Bein hatte und humpelte, daneben eine Frau mit heftigen Knieschmerzen. Im Stillen segnete ich sie: „Vater, du siehst diesen hinkenden Mann, du siehst die Frau mit den Beschwerden, du kennst die Flüchtlingsfamilie. Bitte komm und berühre sie." Als ich aus dem Fast-Food-Restaurant wieder in den kalten November- abend hinaustrat, entschied ich, dass ich nicht noch zu allen ande- ren Hilfsbedürftigen gehen konnte, und vertraute sie Gott an. Der freudestrahlenden Familie brachte ich die Papiertüte voller Burger und Pommes, verabschiedete mich mit einem Lächeln und zog weiter.

Hätte ich mich für alle und jeden verantwortlich gefühlt, wäre ich bis zum nächsten Morgen kein Stück vom Alexanderplatz wegge- kommen. Doch wenn ich mich von Gottes Geist leiten lasse, weiß ich, wohin ich gehen soll, wo ich beten kann, und Gott übernimmt. Mich allein von der Not leiten zu lassen, wäre armselig und würde den Fokus komplett auf mich richten. Ich kann die Leute doch nicht erlösen, ich kann die Welt nicht retten. Doch ich habe einen Erlöser, der in mir ist. Dabei liegt es an mir, ob ich ihn freisetze in anderen. Dafür will Gott mich und uns alle immer wieder gebrauchen. Aber dafür muss ich mich nicht verheizen, als käme es nur auf mich an.

Nein, ich will mich von Gott führen lassen, im Tun und manchmal nur im Segnen. Das ist ein herausfordernder Lernprozess, in dem ich immer noch stehe. Würden Menschen in Berlin sich vom Leid und der Not bestimmen lassen, käme sicher keiner mehr dazu, zur Arbeit zu gehen ...

Schwierig für mich ist, dass die offensichtliche Not sich ganz oft mit dem vermischt, was ich zusätzlich erspüre. Einmal in einem Café überkamen mich ohne Vorwarnung Mordgedanken, keine Ahnung, wie sie einfach so in meinem Kopf auftauchten. Verwirrt fragte ich mich, was los war. Dann schaute ich mich im Raum um. Ich sah Leute in Polstermöbeln, die Zeitung lasen, ihren Latte schlürften oder mit Freunden zusammensaßen. An einen der Tische hatte sich gerade ein Mann gesetzt. Ich wusste intuitiv, dass meine verstörenden Gedanken mit ihm zu tun hatten. Kurz entschlossen überwand ich meine Befangenheit, kaufte an der Theke etwas für uns beide und fragte ihn mit einem Lächeln, ob ich mich zu ihm setzen könne. Freudig blickte er mich an und war dankbar für den Carrot Cake, den ich ihm anbot. Wie es ihm ginge, fragte ich ihn und wir kamen ins Gespräch. Nach einer Weile vertraute er mir an: „Weißt du, wenn ich nachts schlafe, würgt es mich plötzlich ganz heftig. Mitten im Schlaf. Das geht jetzt schon seit einigen Wochen so." Er hielt kurz inne und fügte leise hinzu: „Jeden Morgen, wenn ich aufwache, möchte ich mich nur noch umbringen." Mich fröstelte. Jetzt war klar, woher meine erschreckenden Gedanken gekommen waren. Dann legte ich meine Hand auf seine Schulter und betete für den Mann. Tränen liefen über sein Gesicht, so berührt war er. Glücklich bedankte er sich. Zum Abschied schenkte ich ihm noch einen silbernen LYN-Anker, den Prototypen dieser neuen Accessoire-Linie. Das erste neue Produkt hat immer einen besonderen Wert für mich. Doch als Zeichen, dass ich nicht an diesen Dingen hänge, gebe ich gerade sie immer weg.

Mit dieser Hochsensibilität umzugehen, erlebe ich als extrem schwierig. Immer wieder empfinde ich sie als unerträgliche Last und habe oft schon zu Gott gesagt: „Vater, kannst du mir das nicht wegnehmen? Dass ich so sensibel bin, kotzt mich an. So gerne wäre ich so hart wie der oder so unempfindlich wie jener." Doch inzwischen habe ich gelernt, dass es eine Gabe ist. Und die ist in erster Linie nicht für mich gedacht, sondern für mein Gegenüber. Das Feine, das sensible Zuhören, das Lesen zwischen den Zeilen, das Erspüren von Dingen, ohne sie erzählt zu bekommen, gibt mir einen unglaublichen Zugang zu Menschen. Mühsam musste ich lernen und lerne es noch heute, wie ich diese Gabe gut und kanalisiert einsetzen kann und sie nicht zur Last oder Plage wird. Hätte ich Gott nicht und meine Verankerung in ihm, würde ich ständig am Rad drehen; die Reizüberflutung und der viele Schmerz anderer, den ich so nebenbei mit einatme, würden mich erdrücken.

In den Jahren, in denen ich ohne Gott gelebt habe, musste ich meine Sensibilität übergehen und unterdrücken, weil ich keine Kraft, keinen sicheren Rahmen gefunden hatte, gut damit umzugehen. Ich bin zutiefst davon überzeugt, dass so viel mehr Menschen extrem sensibel sind, sie es nur nicht zu leben wagen oder schlichtweg nicht handeln können. Heute bin ich so weit, dass ich sage: Ich bin kein Holzfäller, auch wenn ich es mir manchmal gewünscht hätte. (Die Militärlaufbahn wäre absolut nichts für mich gewesen, gut, dass es nicht geklappt hat.) Nein, ich habe einen weichen Kern und das ist gut so, ich bin wunderbar geschaffen.

In solchen Berlin-Situationen ist es dann umso wichtiger, darauf zu hören, wie Gott mich leitet. Segnen kann ich Menschen um mich herum jederzeit mit einem kurzen, stillen Gebet. Manchmal laufe ich auch an Obdachlosen vorbei, weil ich einfach nicht überall sein kann. Doch ich verschließe meine Augen nicht. Wenn sie so dasitzen, zusammengekauert und mit ungepflegtem Haar, sehe ich in ihnen wunderbare, kostbare Menschen. Das Mindeste ist, dass ich ihnen ein Lächeln schenke und sie in Gedanken segne.

Als ich an jenem Abend in Berlin später zum Hotel zurückging, kam ich an einem Restaurant vorbei, vor dem ein Obdachloser saß. In dem Moment spürte ich, ja, ich nehme mir kurz die Zeit für ihn. Nachdem ich ihn begrüßt und gefragt hatte, wie es ihm geht, bot ich ihm an, für ihn zu beten. Anschließend meinte er: „Wow, da wurde es jetzt aber ganz warm um mein Herz!" „Ja, das ist der Heilige Geist", erwiderte ich wissend. „Ciao, machs gut!" Keine Minute später war ich wieder weg, aber in dieser kurzen Zeit war für ihn ein Stück Himmel auf die Erde gekommen. Davon zeugten seine leuchtenden Augen, mit denen er mir hinterhersah.

Nach den drei Tagen in Berlin ging es zurück zum Flughafen. Am Straßenrand sah ich ein Taxi stehen und lief auf den Wagen zu: „Können Sie mich zum Flughafen bringen?", fragte ich freundlich. Aus irgendeinem Grund war der Fahrer unglaublich genervt, verdrehte seine Augen und knurrte: „Na gut, steig ein!" Irritiert ließ ich mich auf den Rücksitz fallen und warf meine Tasche neben mich. Ruppig startete der Mann den Wagen. Es war ein kalter, sonniger Herbsttag und wir fuhren quer durch Berlin. Fasziniert schaute ich durch die Scheibe, als wir an einem imposanten Gebäude vorbeikamen. „Was ist das denn?", wollte ich neugierig wissen. Sicherlich irgendeine bekannte Sehenswürdigkeit. „Ist doch voll egal, interessiert doch eh keinen!", blaffte der ältere Mann mich an. Etwas verstört bemühte ich mich, diesen Kommentar nicht persönlich zu nehmen, auch dass er die ganze Zeit stöhnte oder die Augen verdrehte, wenn ich ein Gespräch anstoßen wollte. Allmählich wurde es mir zu blöd. Gleich steige ich aus und laufe weg, nahm ich mir vor. Schließlich ist es mein gutes Recht als zahlender Kunde, hier anders behandelt zu werden. Doch, Moment, mittlerweile hatte ich ja gelernt, nicht an meinen vermeintlichen Rechten festzuhalten. Krampfiges Einfordern machte solche Situationen nur noch schlimmer. Also verursachte ich den Rest der Fahrt so wenig Stöhnen und Augenverdrehen wie möglich.

Da sagte Jesus zu mir: „Schenke ihm einfach 100 Euro." Zugegeben, überrascht hat mich das nicht, dazu war ich schon zu lange mit Gott unterwegs, der verrückte Großzügigkeit liebt. Im Grunde hätte ich dem Taxifahrer in dieser Situation eine knallen, etwas Fieses an den Kopf werfen und die Tür hinter mir zuschlagen können. Doch die liebende Alternative war, ihn einfach zu beschenken.

Am Flughafen Tegel angekommen, sagte ich dann: „Ich hab noch was Kleines für Sie." Gespannt, wie er reagieren würde, streckte ich ihm einen 100-Euro-Schein von hinten zwischen den Sitzen durch.

Seine ärgerlichen Augen schauten mich im Rückspiegel skeptisch an. „Du machst wohl Witze, was soll das?!", schimpfte er. „Danke einfach für alles, was Sie in den letzten Jahren für so viele Menschen gemacht haben. Dass sie immer wieder Leute von A nach B gefahren haben. Danke!", antwortete ich.

Da sagte Jesus zu mir:
„Schenke ihm einfach 100 Euro."

Völlig verwundert drehte er jetzt seinen Kopf zu mir nach hinten und blickte mich ungläubig an. „Das hab ich ja noch nie erlebt", kam es etwas sanfter aus ihm heraus. Überwältigt nahm er den Schein entgegen. Dann fragte ich freundlich: „Darf ich noch für Sie beten?" Er war Moslem und ich wusste nicht, wie er mein Angebot finden würde. „Ja, sehr gerne", entgegnete er freundlich. Also segnete ich ihn und stieg mit meinem Gepäck aus. Dankbar darüber, dass ich meine Rechte losgelassen und diesem Mann mit liebender Freiheit hatte begegnen dürfen. Hätte ich es nicht gemacht, wäre er an diesem Tag nicht der überwältigenden Großzügigkeit Gottes begegnet. Dass diese ein Leben grundlegend verändern kann, erlebe ich ständig.

13

STOP FOR THE ONE

Für einen Städtetrip zieht es mich und einen Freund für mehrere Tage nach Amsterdam. Uns erwarten die wunderschönen Grachten, die alten, denkmalgeschützten Giebelhäuser der Altstadt in herrlicher Herbststimmung – glühende Bäume, fallendes Laub und dichter Nebel, der frühmorgens aus den unzähligen Kanälen aufsteigt. Doch zum Bild der niederländischen Hauptstadt gehören auch krasse Armut, offensive Prostitution und der typische Grasgeruch an jeder zweiten Ecke. Dann wiederum ist diese pulsierende Großstadt eine selbstbewusste Trendsetterin mit freundlichem, gewinnendem Gesicht. Ein inspirierendes, aber auch trauriges, kontrastreiches Nebeneinander, das mit vielen Reizen auf mich einwirkt.

Benjamin, mit dem ich hierhergekommen bin, kenne ich schon ziemlich lang aus der Church in Schaffhausen, aber so richtig eng befreundet sind wir seit vier Jahren. Seine ruhige Art tut mir unglaublich gut und mich fasziniert an ihm, wie bescheiden, großzügig und kritikfähig er ist. Beruflich ist er viel auf Reisen, aber wir halten uns über Skype auf dem Laufenden. Oder genießen gemeinsame Zeit, wie jetzt in Amsterdam, auf einem Kurztrip.

Am zweiten Abend, als wir auf der Suche nach einem Restaurant durch die hübsche Altstadt bummeln, sehen wir einen Obdachlosen vor einem Supermarkt. Im Halbdunkel kauert er auf einer zerschlissenen, rot-blau karierten Decke, die Mütze tief in die Stirn gezogen, und blickt zu uns auf. „One Euro, please", bittet er uns, da er erkennt, dass wir Touristen sind. Als ich ihn anschaue, spüre ich, dass ich ihm keinen Euro geben soll. Sondern viel mehr. Um auf Augenhöhe mit ihm zu sprechen, gehe ich in die Hocke, sehe ihm gerade in die Augen und lade ihn ein: „Let's go shopping. Come, let's go into the supermarket." Unentschlossen mustert er Benjamin und mich. Er zögert, doch wir nicken ihm aufmunternd zu. Schließlich rappelt er sich auf und schlurft etwas unsicher mit uns in den Laden hinein.

Benjamin holt einen Einkaufswagen und ich ermutige den vom Leben gezeichneten Mann, nach Herzenslust einzukaufen. Alles was er möchte. Offensichtlich überrumpelt, weiß der Gute gar nicht, wie ihm geschieht. Zögerlich schiebt er den Wagen durch die langen Gänge mit den unzähligen bunt verpackten Lebensmitteln, den Kartons, Tüten, Konserven und nimmt sich scheu hier einen Riegel, dort etwas Obst und an der Kühltheke vorsichtig ein Stück Käse. Ich ermutige ihn, doch noch mehr zu nehmen, alles, was er möchte. So richtig traut er sich noch immer nicht, aber zumindest sehe ich jetzt, was er gerne mag. Also hole ich von allem, was bisher im Wagen gelandet ist, gleich noch mal das Doppelte und lege es dazu. Der Obdachlose stockt und schaut mich mit ungläubigen Augen an. Der meint es tatsächlich ernst, scheint dieser Blick zu sagen.

„Erinnerst du dich, was dir deine Mutter früher immer gekauft hat, was dir besonders gut geschmeckt hat?", will ich ihm auf die Sprünge helfen. Dabei wünsche ich mir, dass bei ihm ein Gefühl kindlicher Sorglosigkeit aufkommt. Einen Moment überlegt er, dann tritt ein Glänzen in die Augen des gebeugten Mannes. Beherzter schiebt er den Wagen durch die Gänge und nimmt sich noch einen Erdbeerjoghurt und Schokokekse. Benjamin und ich folgen ihm auf den Fuß und verdoppeln seine Ration so schnell, dass er mit dem Gucken kaum hinterherkommt. Hinter uns tummeln sich inzwischen aufmerksam gewordene Kunden, die sich über unser kurioses Dreiergespann wundern. Ich grinse in mich hinein.

Schließlich an der Kasse angekommen, haben wir dann doch einen stattlichen Berg an Lebensmitteln zusammenbekommen, die die verwunderte Kassiererin piepend übers Band zieht. Während unser „Einkäufer" seine Geschenke in Tüten packt, zahlen wir. Draußen vor dem Supermarkt verstaut der Obdachlose die Einkaufstaschen an seinem angestammten Platz und schüttelt einfach nur den Kopf. Dann nimmt er uns mit Tränen in den Augen fest in den Arm. „Warum habt ihr das getan?", will er wissen. Wir erzählen ihm von der Liebe, die wir erfahren haben und weitergeben. Ob wir für ihn beten dürfen? Freudig stimmt er zu. Überwältigt von einem Gott, dessen Liebe er gerade so praktisch erfahren hat, möchte er auch an ihn glauben. Benjamin und ich sind selbst tief berührt und glücklich, als wir uns von dem Mann verabschieden.

Ein Euro ist das Bedürfnis eines Bedürftigen. Alles, was darüber hinausgeht, ist die Möglichkeit eines Reichen.

Nach dieser Begegnung wurde mir deutlich, dass der eine Euro, um den wir gebeten wurden, das Bedürfnis eines Bedürftigen ist. Aber alles, was darüber hinausgeht, ist die Möglichkeit eines Reichen. Und wir haben so viele Möglichkeiten! Dabei bringt Großzügigkeit den Himmel auf die Erde. Das erlebe ich immer wieder und ich bin davon überzeugt, dass verschwenderisches Geben eine Charaktereigenschaft Gottes ist. Er schenkt einfach gerne. Die beste Kur dagegen, wenn wir den Eindruck haben, im Leben zu kurz zu kommen oder nicht genug zu haben, ist, mehr wegzugeben. Natürlich geht es nicht um den Selbstzweck oder ein trockenes, lebloses Prinzip, das am Ende einem selbst dient. Doch letztlich geschieht auch immer etwas Positives mit uns, wenn wir von uns wegblicken. Wenn wir beginnen zu fragen: „Was kann ich beitragen?", anstatt auf unsere Defizite oder unerfüllten Wünsche zu schauen, verändert sich alles. Wir haben so viel, was wir teilen können. Jeder. Dabei geht es längst nicht nur um Materielles, sondern um Zeit für jemanden, ein Gespräch, Aufmerksamkeit, ein Lächeln, ein Gebet.

Haben wir nicht oft irgendwelche Gegenargumente oder Ausreden im Kopf? Es passt gerade nicht, ich habe es eilig, mir geht es selbst nicht gut. Aber ich glaube, dass es genau darauf ankommt, uns in unserem Alltag unterbrechen zu lassen und uns dieser einen Person, die uns Gott über den Weg schickt, zuzuwenden. Dietrich

Bonhoeffer hat das mal total treffend ausgedrückt: „Wir müssen bereit werden, uns von Gott unterbrechen zu lassen. Gott wird unsere Wege und Pläne immer wieder, ja täglich durchkreuzen, indem er uns Menschen mit ihren Ansprüchen und Bitten über den Weg schickt. Wir können dann an ihnen vorübergehen, beschäftigt mit den Wichtigkeiten unseres Tages, wie der Priester an dem unter die Räuber Gefallenen vorüberging."* Oder wir können sehen, dass hier ein Mensch ist, dem wir ganz praktisch Liebe weitergeben können, und werden damit in dieser Situation zum Träger für Gottes Liebe.

Oft höre ich den Einwand: „Aber wenn du Geld schenkst, kaufen sich Leute doch Drogen oder Alkohol." Abgesehen davon, dass ich das niemandem unterstelle, kann man ja auch Lebensmittel oder Klamotten schenken. Wenn ich mir zum Beispiel Socken kaufe, nehme ich in der Regel gleich ein zweites Paar mit; eines davon bekommt der nächste Bedürftige, den ich treffe. Wenn es jemandem lieber ist, kein Geld zu geben, kann er doch gerne etwas anderes schenken, aber nicht sein Misstrauen als Vorwand benutzen, sich gar nicht mit der Not eines Menschen auseinanderzusetzen. „Lieber schenken als denken", ist meine Standardreaktion. Denn das Wesen der Liebe ist es, dass sie immer vom Besten ausgeht und sich nicht von Misstrauen lenken lässt.

Einmal hockte ich mich zu einem Obdachlosen, der mit einem Pappbecher auf einem Treppenabsatz saß. Ich sprach ihn an, fragte, wie es ihm geht, und hörte ihm zu. Da hatte ich den Eindruck, ich solle ihm viel schenken. Also holte ich einen 100-Euro-Schein aus meinem Geldbeutel und gab ihn ihm. Der Obdachlose blieb mitten im Satz stecken und starrte mich mit weit aufgerissenen, vor Tränen glänzenden Augen an. Seine zittrige Hand umklammerte meine, als er fragte: „Warum so viel?" Fest schaute ich ihn an und sagte: „Weil Jesus Christus den Preis dafür bezahlt hat. Mit ihm haben wir bereits alles geschenkt bekommen." Da begann er wie ein Schlosshund zu weinen, die Tränen strömten ihm nur so über die faltigen, gegerbten Wangen und verloren sich in seinem Vollbart.

---

* Dietrich Bonhoeffer: Gemeinsames Leben, Brunnen Verlag 2016, S. 112.

Schniefend saß er da, wischte mit dem Handrücken seine Nase ab und strich die widerspenstigen, ungekämmten Haare aus dem Gesicht. Seine andere Hand ließ meine nicht wieder los. „Und weil ich dir von ganzem Herzen vertraue, dass du das Geld gut verwalten wirst", fügte ich bestimmt hinzu. Da richtete er sich ein wenig auf, seine verweinten, grauen Augen schauten mich aufmerksam an. Sie strahlten auf einmal mit einem Stolz und einer Würde, als sei dieser Mann gerade zum Ritter geschlagen worden. Mich durchströmten Liebe und Dankbarkeit für diesen wertvollen Menschen. Dann nahm ich ihn fest in den Arm und hielt ihn. Schließlich stand ich auf und verabschiedete mich. In diesem Moment war etwas im Herzen dieses Mannes freigesetzt worden. Auch wenn ich nicht wusste, was er mit dem Geld tun würde.

Ein anderes Mal aber, als ich einem Wohnungslosen am Straßenrand einen Fünfzigeuroschein in die Hand drückte, weinte auch er – überwältigt von der Großzügigkeit und meinem Vertrauen, das ich in ihn setzte. Traurig sagte er: „An mich hat noch nie jemand geglaubt." Tief erschüttert fragte ich mich, welche Erfahrungen dieser Mann in seinem Leben wohl gemacht hatte. Wie muss sich das anfühlen, wenn keiner einem etwas zutraut? Etwas später sah ich von der gegenüberliegenden Straßenseite aus, wie er fröhlich in einem Imbiss verschwand. Als er wieder herauskam, hatte er eine große Tüte bei sich. Damit lief er zu zwei anderen Obdachlosen und brachte auch ihnen etwas zu essen. Mein Herz machte einen Sprung. Auch hier war ein Stück Himmel auf Erden freigesetzt worden, hier war ein treuer Verwalter, der zum ersten Mal erleben durfte, wie jemand an das Gute in ihm glaubte.

> Traurig sagte er: „An mich
> hat noch nie jemand geglaubt."

Jede Begegnung der Liebe verändert etwas in Menschen. Immer wieder bin ich total fasziniert, was ins Rollen gerät, wenn jemand neu oder zum ersten Mal spürt, wie bedingungslos er angenommen ist und dass jemand an ihn glaubt.

Als ich einmal mit meinem Freund Florian zusammen in London war, trafen wir auf der belebten Einkaufsmeile Oxford Street Paul. Wir setzten uns zu ihm und hörten ihm zu. Als wir ihn nach seiner Story fragten, erzählte er uns, dass er sich heftig mit seinem Vater zerstritten habe, bei dem er in der Firma gearbeitet hatte. Paul war nicht bereit gewesen, sich zu versöhnen, und hatte schließlich auch das Elternhaus verlassen müssen. So war er – ohne Job und Wohnung – auf der Straße gelandet. Während wir bei ihm hockten, schlich sich die bittere Januarkälte in unsere Knochen und wir luden Paul spontan ein, in unsere Airbnb-Wohnung mitzukommen und bei uns zu schlafen. Dankbar willigte er ein und nahm auch gerne das Angebot an, sich heiß zu duschen. Nach zehn Minuten dachte ich, jetzt kommt er sicher gleich wieder aus dem Bad heraus. Doch auch nach dreißig Minuten hörte man noch das Wasser rauschen. Ob er wie der Clownfisch Nemo durch den Abfluss geflutscht war? Nach einer Dreiviertelstunde schließlich öffnete sich die Badezimmertür. Warmer, dichter Dampf quoll heraus. Gespannt blickten wir ihn an: Vor uns stand ein blitzblanker Paul mit verstrubbelten, nassen Haaren und strahlte übers ganze Gesicht. Ein völlig veränderter Mann, wie es schien. Nur durch eine Dusche.

Als wir später Essen gehen wollten, hatte ich das starke Gefühl, dass ich ihn in ein Edelrestaurant einladen solle. Paul sollte mit allen Sinnen erfahren, wie geliebt und wertgeschätzt er war. Vor dem Eingang des schicken Etablissements blieb Paul stehen und zögerte. Durch die Scheiben sah man die weiß gedeckten Tafeln, Gläser glitzerten in einem dezent erhellten Raum mit Holztäfelung. Doch der junge Mann meinte: „Ich bin es nicht wert, dort hineinzugehen. Schaut doch, genau hier um die Ecke lebe ich sonst auf der Straße!" Es kostete uns viel Überzeugungskraft, ihn dazu zu bringen, mit ins Restaurant zu kommen. Schließlich saßen wir an einem fein gedeckten Tisch mit polierten Gläsern, edlem Besteck und wurden von zuvorkommenden Kellnern bedient. Im Lokal herrschte eine friedliche, zurückhaltende Stimmung, die anderen Gäste sprachen gedämpft und höflich miteinander, man hörte Besteck auf Porzellan und Gläserklirren. Paul sprach nicht viel und schien in Gedanken versunken. An unseren Gesprächen beteiligte er sich kaum. Als der Kellner das Essen servierte, senkte Paul seinen Kopf und Tränen rollten leise über seine Wangen. Auch auf dem Heimweg in unsere Wohnung war er sehr still.

Am nächsten Tag zogen wir mit ein paar Koffern voller Kleider los. Bekannte aus der Schweiz hatten sie gespendet, damit wir sie an Bedürftige verteilten. Paul nahm uns in Schlepptau, denn er kannte all die Orte, wo Obdachlose lebten. Wir fragten die Leute, was sie brauchten, und schauten, dass wir etwas Passendes aus dem Mitgebrachten finden konnten: Hosen, Jacken, Pullover. Einer der Wohnungslosen meinte: „Ich brauche Socken!" So sorry, Socken haben wir leider nicht dabei. Wir haben Hosen oder Shirts? Gerade als ich weitergehen wollte, dachte ich: Mann, David, aber du selbst hast Socken an! Bist du nicht bereit, auch deine eigenen Sachen zu geben?

Bestürzt fiel mein Blick auf seine nackten Füße – und das bei diesen frostigen Temperaturen! Ohne lange zu zögern, schnürte ich meine Schuhe auf, streifte die Socken ab und schenkte sie dem komplett geflashten Mann. Mit der Aussicht auf warme Füße zog er sie sich überglücklich an und dankte mir überschwänglich.

Bist du nicht bereit, auch deine eigenen Sachen zu geben?

Eine Stunde lang lief ich barfuß durch London. (Meine Schuhe hatte ich dann auch noch verschenkt.) Es war schrecklich kalt. Und eine schmerzliche Lektion darin, wie der Obdachlose tagelang gebibbert haben musste. Irgendwann konnte es Paul nicht mehr mit ansehen und überredete mich, seine dicken Ersatzsocken überzuziehen, die er aus seinem Rucksack hervorholte. Da es schon spät war und alle Läden geschlossen hatten, nahm ich sein Angebot schließlich an.

Zwei Wochen, nachdem Florian und ich aus London zurück waren, erhielt ich eine Mail von Paul: „Dave und Florian, danke für all die Gespräche und die geniale Zeit mit euch. Wisst ihr was? Ich habe mich mit meinem Vater versöhnt und wieder angefangen zu arbeiten. Ihr habt mich total motiviert, mein Leben in Angriff zu nehmen. Einfach nur danke!" Wow. So wunderschön, wie dieser junge Mann durch Liebe und Wertschätzung umgekrempelt wurde. Paul hatte neue Zuversicht bekommen. Wären wir nicht unserem Impuls gefolgt, hätten ihn nicht angesprochen und mit zu uns genommen, wäre das vielleicht nicht passiert.

Natürlich kenne auch ich den aufblitzenden Gedanken in mir, was andere Leute jetzt wohl denken. Oder wie die Person reagiert, der ich anbiete, für sie zu beten, oder wenn ich von Jesus erzähle. Es ist ein Lernprozess, wirklich in der Freiheit zu leben, die ich in Gott habe. Wenn meine Identität ganz in ihm begründet ist, bin ich unabhängig von der Meinung und Anerkennung anderer. Ja, ich treffe auch Menschen, die lieber nicht für sich beten lassen oder nichts von dieser Liebe hören möchten. Dann kann ich sie immer noch im Stillen segnen. Doch es ist spannend, wie viele Menschen offen sind für das Übernatürliche.

Für viele Menschen bete ich auch um Heilung und es passiert nichts. Es ist nicht so, dass sich auf jedes Gebet hin etwas Übernatürliches ereignet. Aber ich glaube, es kommt vor allem darauf an, dass Menschen diese Liebe spüren. Einfach, dass jemand angehalten und mit ihnen gesprochen hat. Diese Erfahrung mache ich überall: Wenn man Menschen mit aufrichtiger Liebe begegnet, sind sie sehr offen. Intuitiv spüren sie das Herz dahinter. Wollte ich nur Leute überzeugen oder überreden, wäre es sowieso sinnlos. Das spüren andere sofort. Um Liebe weiterzugeben, brauche ich selbst eine persönliche Begegnung mit dieser selbstlosen Liebe, mit Gott. Das ist wie mit einer Ladestation. Nur wenn meine Akkus davon voll sind, kann ich sie auch weitergeben und leuchten.

Im Januar 2016 reiste ich für sieben Wochen nach Südafrika, ein Land, das mich schon lange faszinierte. Noch nie zuvor war ich in Afrika gewesen und ich freute mich riesig auf die Auszeit. Hier wollte ich ein wenig zur Ruhe finden, einen Englischkurs besuchen und herumreisen. Nach den ersten zwei rastlosen und bewegten Jahren seit dem offiziellen Start von LOVE YOUR NEIGHBOUR brauchte ich dringend ein Time-out. Kurz vor meinem Abflug hatten wir noch das brummende Weihnachtsgeschäft zu bewältigen, Andrea besuchte mich drei Tage in der Schweiz, um weitere Interviews für das Buch zu führen, und nach den Weihnachtsfeiertagen hatten wir drei Tage lang einen LYN-Stand auf der EXPLO 15 in Luzern. Rasant, emotional erfüllend, aber einfach heftig viel. Komplett übermüdet stieg ich direkt nach dem Abbau auf der Konferenz in den Flieger nach Südafrika.

Leider kam ich auf meinem Flug nach Johannesburg nicht wie erhofft zum Schlafen. Neben mir saß eine ältere Dame, mit der ich gleich in ein intensives Gespräch verwickelt wurde. Wir redeten den ganzen Flug über. Stunden später stieg ich unglaublich erschöpft als letzter Passagier in die Maschine meines Anschlussfluges nach Kapstadt. Alles, was ich denken konnte, war: jetzt schlafen. Als der Flugbegleiter die Tür hinter mir geschlossen hatte, sagte er mir, ich sei in Reihe 46 versetzt worden. Also trödelte ich den Gang entlang und freute mich, als ich mich meiner Reihe näherte: Yes, ich hatte keinen Nebensitzer! Die kommenden zwei Stunden konnte ich ein wenig auftanken, bevor sicherlich tausend neue Eindrücke in diesem spannenden Land auf mich niederprasseln würden.

Gerade verstaute ich meinen Rucksack im Gepäckfach, da fiel mein Blick auf den – tatsächlich doch – besetzten Platz neben meinem. Verschüchtert kauerte da ein sechsjähriges, afrikanisches Mädchen und schniefte still und herzzerreißend vor sich hin. Jede einzelne Kullerträne, die aus ihren Augen quoll, wischte sie mit ihren süßen Händchen weg. Aufmunternd lächelnd ließ ich mich ins Polster neben ihr fallen, klickte meinen Sicherheitsgurt fest und fragte auf Englisch: „Was ist los, warum weinst du?" Leider sprach sie nur ganz wenig Englisch. Also holte ich mein iPad heraus und begann ein paar lustige Smileys für sie zu malen. (Danke an Steve Jobs, deine Produkte haben echt positive Auswirkungen!) Dann forderte ich sie auf, ein Bild von sich aufs Display zu zeichnen. Mit ihrem kleinen Zeigefinger malte sie ein Mädchen, dem dicke Tränen übers Gesicht liefen. Von meinen Malkünsten unterstützt, erzählte ich ihr dann auf dem Display, wie Jesus Liebe in ihr Herz bringt und dass er es ist, der ihr Freude schenkt. Mit großen Augen schaute sie zu, wie ich zu dem traurigen Mädchen ein Herz zeichnete, ein Kreuz, ein fröhliches Mädchen und Jesus hinschrieb. Mit Pfeilen versuchte ich, den Zusammenhang deutlich zu machen. Ich glaube, ihr Herz verstand, was sie da sah. Auf jeden Fall glich sie inzwischen dem glücklichen Mädchen auf meinem iPad. Dann schossen wir ein paar Selfies, bei denen ich Quatsch machte und Grimassen schnitt. Als ich ihr die Bilder zeigte, kicherte und lachte sie so herzlich, dass ich davon angesteckt wurde. Die kleine Maus, der die geflochtenen Zöpfchen mit den rosafarbenen Perlen am Ende lustig ins Gesicht hüpften, taute immer mehr auf. Längst strahlte sie wieder. Auch ich hatte meine Müdigkeit bald vergessen. She made my day!

Mit glänzenden Augen sagte sie ganz leise: „Jesus" und lachte strahlend.

Nach dem Snack, den uns ein Flugbegleiter serviert hatte, schauten wir zusammen noch ein paar Worship-Videoclips an. Dazu wippte sie rhythmisch und fröhlich auf ihrem Sitz. So vergingen die zwei Stunden buchstäblich wie im Flug und von der traurigen kleinen Lady war keine Spur mehr geblieben. (Von dem müden Krieger allerdings schon.) Wir landeten in Kapstadt. Die Anschnallzeichen erloschen, überall im Flieger klickte es und allgemeine Unruhe brach aus. Die Reisenden holten ihr Handgepäck und drängelten zum Ausgang. Der freundliche Flugbegleiter, der die Sechsjährige betreute, kam, um sie hinauszubegleiten. Doch die Kleine klammerte sich an meinen Arm und wollte gar nicht weg. „Bye-bye!", winkte ich ihr hinterher. Nach einigen Schritten rannte sie noch einmal zu mir und hielt mich am Bein fest. Gerührt und lächelnd fragte ich sie: „Wer ist in deinem Herzen und schenkt dir Freude?" Mit glänzenden Augen sagte sie ganz leise: „Jesus" und lachte strahlend.

Nachdem ich mein Gepäck abgeholt hatte, irrte ich durch das Flughafengebäude. Die Müdigkeit übermannte mich. Ich war komplett durch. Auch mein Rücken meldete sich, dem das stundenlange Sitzen gar nicht gutgetan hatte. Als ich aus dem Airport heraustrat, prallte ich unerwartet auf eine Wand aus Hitze. Januar ist der heißeste Sommermonat auf der Südhalbkugel, das war mir durchaus bewusst. Schon das Kofferpacken im kalten Schweizer Dezember für einen „Sommerurlaub" hatte mich viel Überwindung gekostet. Doch nun haute mich dieser Temperaturunterschied regelrecht um.

Nach längerem Durchfragen bestieg ich endlich erschöpft einen Shuttlebus, der zu mehreren der Sprachschul-Hostels fahren sollte. Den Kopf müde ans Fenster gelehnt, flog die unbekannte Landschaft an mir vorüber. Bäume und Palmen, wie ich sie noch nie gesehen hatte, Menschen am Straßenrand in kleinen Blechbehausungen, Schwarze in Kleidung, die mir ganz unbekannt war, und überall viele Farben und bunte Muster. Reizüberflutet schloss ich einen Moment lang die Augen. Als der Fahrer plötzlich anhielt und mich aufforderte auszusteigen, verstand ich nicht recht, was los war. Wir steckten schon mitten im Kapstädter Verkehr und kamen nicht weiter. Hier trubelte irgendein Straßenfestival, alles war abgesperrt. Also stieg ich aus, der Fahrer, der wieder losgefahren war, hatte mir versichert, er würde gleich zurückkommen. Doch er kam nicht wieder. Dummerweise hatte ich absolut keine Ahnung, wo ich war. Dazu war ich so groggy, dass ich im Stehen hätte einschlafen können. Aber irgendwie musste ich zu meinem Wohnheim finden. Also steuerte ich auf zwei Polizisten zu, die am Straßenrand standen. Schließlich nahmen sie mich ins Schlepptau und eskortierten mich in meine Unterkunft, die sich nur einen Steinwurf entfernt auf der anderen Straßenseite befand. Wegen der kompletten Blockade war der Bus nicht hinübergekommen.

Der Eingang des Hostels war mit einem Drehkreuz abgesperrt, links und rechts stand Security. Als ich sagte, ich hätte hier eine Buchung, ließen sie mich durch zur Rezeption. Alle meine Gedanken waren nur auf eines fixiert: ein Bett, so schnell wie möglich. Doch irgendetwas war schiefgelaufen, niemand wusste davon, dass ich schon heute ankomme. „Das kann doch nicht wahr sein!", ärgerte ich mich matt. Schon zwei Stunden hatte ich vom Flughafen hierher gebraucht und musste jetzt, endlich am Ziel, erfahren, dass im Wohnheim meiner Sprachschule kein Zimmer für mich frei war. Völlig fertig und frustriert warf ich mich in einen Sessel in der Lobby und wartete. Nach einer halben Stunde kam ein junger Mann, der schließlich doch ein unbewohntes Apartment für mich im achten Stock ausfindig gemacht hatte. Kaum hatte ich die Tür hinter mir geschlossen, ließ ich mich schwer in die lang ersehnten Laken fallen und rührte mich nicht mehr vom Fleck. Was für eine Reise!

Zusammen mit zwei Schweizern, Silvan und Robin, die auch in meinem Hostel wohnten, unternahm ich neben dem Unterricht viel: Wir machten eine Angeltour und Kurztrips und gingen oft zusammen essen oder abends in Bars. Als wir über unsere Lebensträume sprachen, erzählte ich von LOVE YOUR NEIGHBOUR und meinem Glauben. Das überraschte sie total. Sie quetschten mich regelrecht darüber aus und wollten einfach alles wissen. Stundenlang erzählte ich ihnen, dass mir Jesus das Wichtigste ist im Leben, erzählte von den Wundern, die ich erleben durfte, von den Höhen und Tiefen meines Lebens und wie mich Gott durch alles getragen hatte. Mir war fast schon unangenehm, dass ich so viel redete, aber sie wollten immer mehr hören.

Im Internet hatte ich eine Church hier in Capetown ausfindig gemacht, die ich am Sonntagabend besuchen wollte. Silvan war sehr offen für den Glauben und kam mit. Gleich beim ersten Gottesdienst dort wurde er so berührt von Gottes Liebe, dass er entschied, auch an ihn zu glauben. Von da an war Silvan jeden Sonntag mit dabei. Mir jubelte das Herz, ihm auf seinem neuen Glaubensweg zuzusehen und ihn ein Stück dabei zu begleiten. So ein Privileg.

Was mich hier anfangs irritierte, war, dass manche meinten, es sei unüblich, in Südafrika Trinkgeld zu geben, nicht einmal zehn Prozent. In der südafrikanischen Kultur beschäme man damit vielmehr die Leute. Ich glaube, dass das ein falsches Denken ist, Großzügigkeit kann immer ehren.

Einmal war ich in einem Supermarkt einkaufen. Beim Bezahlen bat ich die Kassiererin, die umgerechnet sieben Schweizer Franken Wechselgeld zu behalten. Hier in Südafrika war das viel Geld. Die Frau brach unvermittelt in Tränen aus. Hinter mir an der Kasse standen zwei andere Studenten aus dem Englischkurs. Stumm gab ich ihnen ein Zeichen, auch etwas mehr zu geben. Der junge Mann direkt hinter mir tat es nicht. Der dritte wiederum verzichtete auch großzügig auf sein Rückgeld. Die Frau an der Kasse war jetzt komplett aufgelöst. Schluchzend erzählte sie uns, dass sie ein Problem mit Alkohol habe. Gestern Abend erst hatte sie in ihrer Verzweiflung zu Gott gebetet und ihn um ein Zeichen angefleht, dann würde sie es mit seiner Hilfe noch einmal versuchen, vom Trinken wegzukommen. Nun war sie überwältigt, wie deutlich Gott zu ihr gesprochen hatte. Wir drei blickten uns erschüttert an. Dass wir durch unser Schenken zu einem Zeichen Gottes geworden waren? Wow!

Jetzt fing derjenige von uns Feuer, der kein Trinkgeld hatte geben wollen. Live und in Farbe hatte er mitbekommen, was Großzügigkeit auslösen konnte. Von diesem Moment an war er spendabel wie crazy. Wo er konnte, beschenkte er Leute und freute sich wie ein Kind dabei. Es war die pure Freude, ihm zuzusehen und zu erleben, was in ihm freigesetzt worden war.

Auch in Kapstadt erlebte ich eine krasse Taxifahrer-Story. (Ich liebe diese Geschichten. Taxifahren lohnt sich echt!) Eines Abends stieg ich in das rote, ziemlich abgewrackte Taxi eines jungen Mannes und bat ihn, mich zur Kirche zu fahren. Das Polster des Rücksitzes war zerschlissen und zerfetzt, überall rostete das Metall und bei jedem Schlagloch oder wenn er etwas schneller fuhr, schepperte das Auto bedenklich. Wir kamen ins Gespräch. Shelton war ein feiner, farbiger Südafrikaner, etwas jünger als ich, der mit dem, was er verdiente, seine ganze Familie durchbrachte. Dann erzählte ich ihm, was ich mit LYN mache und warum ich gerade in Südafrika war. Als ich ausstieg, ließ ich mir seine Nummer geben und rief ihn von da an immer an, wenn ich ein Taxi brauchte.

Als ich wieder einmal mitfuhr, hielt er die ganze Zeit seine Hand an die Wange. „Alles in Ordnung mit dir, Shelton?", fragte ich. „Nein", gab er leidend zurück, „ich habe furchtbare Zahnschmerzen!" Daraufhin zögerte ich nicht lange, sondern sagte nur knapp und deutlich: „Heilung im Namen von Jesus Christus!" In der nächsten Sekunde kippte Shelton ein wenig zur Seite und stoppte abrupt und mit quietschenden Reifen am Straßenrand. Alles schepperte und wackelte. „Was ist los?", fragte ich besorgt. „Unglaublich! Das ist unglaublich!", rief er völlig entgeistert und setzte sich wieder gerade auf seinen Sitz. Fassungslos hielt er weiter das Steuer umklammert, starrte geradeaus auf die Straße und bekam die Worte fast nicht heraus: „Von einem Moment auf den anderen ... da ist kein Schmerz mehr da. Alles – alles wie weggeblasen! Das gibt's doch nicht!"

„Von einem Moment auf den anderen ...
da ist kein Schmerz mehr da.
Alles – alles wie weggeblasen!"

Ich war überwältigt – offensichtlich hatte Gott hier gerade gewirkt. Aber das Krasseste kam erst noch: Das Loch, das Shelton mit seiner Zunge im Zahn gespürt und das ihm solche Qualen bereitet hatte, war zu. Es gab einfach kein Loch mehr! Ruckartig drehte sich Shelton zum Beifahrersitz und blickte mich durch seine Brille ungläubig an. „Was war das, David? Was hast du gemacht?" „Weißt du, mein Gott ist kein Stein", antwortete ich langsam. „Er heißt Jesus und lebt, der hängt längst nicht mehr am Kreuz. Sonst brauche ich ja nicht an einen Gott zu glauben, wenn er nicht lebendig ist." Ehrlich gesagt war auch ich ziemlich baff, es war das erste Zahnwunder, das ich erlebt hatte. Aber für Gott ist schließlich nichts unmöglich.

Meine Sprachschule, die verschiedene Programme für die internationalen Studenten organisierte, bot einmal einen Besuch im

Township an. In diesen recht armen Stadtteilen, die in der Zeit der Apartheid entstanden waren, wohnte ausschließlich die farbige Bevölkerung. Die Spuren dieser jahrzehntelangen, strikten Rassentrennung waren immer noch überall in Südafrika gegenwärtig. Die Schule hatte Kontakt zu einem schwarzen Pastor aus der Siedlung und ich wusste sofort, dass ich dort hingehen möchte. Nicht um einfach ein paar spannende Urlaubserinnerungen zu sammeln, Fotos zu schießen und mit den Kids Fußball zu spielen, sondern um einen Unterschied zu machen und die Menschen dort zu beschenken. So startete ich einige Tage vor dem Ausflug über Facebook ein Fundraising. Mit dem Geld wollte ich Spielzeug und Lebensmittel für die Bewohner des Townships kaufen. Mich haute es fast um: In nur einem Tag waren 1000 Euro zusammengekommen!

Als ich einkaufen ging, kamen drei Studenten mit, die sich von der Aktion hatten begeistern lassen. Als der Besitzer des Shops, in dem ich Spielsachen und Snacks für die Kinder aussuchte, fragte, was wir planten, kamen wir ins Gespräch. Unser Vorhaben berührte ihn und kurzerhand packte er noch ganz viele Getränke umsonst mit ein, die wir verteilen sollten. Dann ging es um zwölf Uhr los. Für die 50 Leute, die mitfahren wollten, war nicht genug Platz in dem bestellten Reisebus. Also fuhren einige von uns in einem kleinen Shuttle voraus in das nur 20 Minuten entfernte Township. Mit den vollen Tüten auf dem Schoß hoppelten wir über die Schotterstraßen gespannt den nächsten Stunden entgegen.

Als ich am Ziel ausstieg, war ich erst einmal perplex. Wellblechhütten, so weit das Auge reichte. Die Armut, die über diesem Ort lag, überwältigte mich und ich konnte die Tränen nicht zurückhalten. Der organisierende Pastor fuhr mit einem weißen Truck auf uns zu und begrüßte uns freudig. Nicht viel später kam Leben auf den Platz – von allen Seiten liefen kleine, neugierige Kinder herbei, auch Hunde sprangen auf uns zu. Mich bestürzte, dass einige der Besucher sofort die Kamera zückten und Fotos von den Kindern machten, ohne überhaupt eine Beziehung mit ihnen aufgebaut zu haben. Dass wir hier waren, wirkte unnatürlich, wir waren wie Fremdkörper in einer anderen Welt.

Doch die Kinder waren vom ersten Moment an völlig zutraulich; sie hängten sich uns an den Hals oder zogen uns an den Händen mit sich. Ich nahm einen kleinen Jungen huckepack. Obwohl ich das mit meinem Rücken absolut nicht hätte tun sollen, ging es gut und ich hatte keine Schmerzen – zumindest anfangs nicht … Alle zusammen strömten wir auf einen großen staubigen Platz, wo einige der Jungs begannen, mit den Kindern Fußball zu spielen. Wir anderen verteilten die mitgebrachten Spielsachen und Getränke, vor allem die Schminkfarben waren der absolute Renner. Mit viel Gelächter und Gekicher bemalten wir gegenseitig unsere Gesichter – die Kinder die Studenten und umgekehrt. Da wir keine Spiegel hatten, machte ich Fotos von den Kleinen und zeigte ihnen, wie sie aussahen. Was für ein Spaß!

Jede Berührung der Liebe
setzt etwas in Gang.
Selbst wenn sie noch
so klein sein mag.

Nicht nur für die Kids machte diese Großzügigkeit – gesponsert von Facebook-Bekannten aus der ganzen Welt – einen riesigen Unterschied. Jedes Herz, auch das der Besucher, wurde ergriffen. Auf der Rückfahrt und auch noch am nächsten Tag kamen Leute auf mich zu und sagten: „Weißt du, David, ich bin nicht so der Soziale und von Charity halte ich nicht viel. Aber was da im Township passiert ist, hat mich mega berührt." Manche versicherten, dass sie ab jetzt großzügig sein wollten. Andere nahmen sich vor, sich zu engagieren und für andere einzusetzen, wenn sie wieder zu Hause waren. Wow, so schön. Ja, ich bin davon überzeugt und habe es tausendfach erlebt: Jede Berührung der Liebe setzt etwas in Gang. Selbst wenn sie noch so klein sein mag. Und je mehr Menschen angesteckt werden, desto weiter verbreitet sich dieses Feuer der Liebe aus der Vision von LOVE YOUR NEIGHBOUR.

Immer mehr Fackelträger bringen Licht und Wärme an Orte, wo bislang Dunkelheit und Kälte herrschen. Mich macht es glücklich, dass ich Teil einer Bewegung sein darf, die andere anstößt und motiviert, und dass unzählige Herzen schon in Brand gesteckt wurden. Einfach durch das, was ich – und viele andere – im Alltag ganz praktisch und anschaulich leben. Ich darf erleben, wie das Menschen bewegt und herausfordert. Viel mehr, als wenn ich nur von der Liebe Gottes rede.

Trotzdem ist auch ein Teil davon, dass ich seit 2015 extrem oft eingeladen werde, auf Events zu sprechen. Nach einem Jahr waren es über 20 000 Menschen, denen ich von einer Bühne die ermutigenden Storys erzählt habe, die ich erlebe. Dankbar nehme ich diese Möglichkeiten wahr, manchmal lasse ich auch andere Leute aus dem LYN-Team etwas erzählen oder schicke sie hin. Es geht ja nicht darum, dass ich es bin, der hier vorne steht. Sondern dass Gottes praktische Liebe ein Gesicht bekommt und Geschichten erzählt werden, die Leute anstecken.

Mehr als einmal gab mir jemand einen Eindruck weiter, dass ich eines Tages Arenen füllen und zu Abertausenden von Menschen sprechen werde. Natürlich bin ich geschmeichelt, so etwas zu hören. Aber ich möchte keinem Eindruck nachlaufen. Ich laufe Gott nach, und wenn ich treu bin, wird es sich, so Gott will, eines Tages erfüllen. Doch sind wir nicht alle Prediger? Überall und jeden Tag, wo wir sind? Die Frage dabei ist nur, welche Botschaft durch unser Leben gepredigt wird.

Die Tausenden von Menschen, die ich überall treffe, an denen ich täglich vorübergehe, die Obdachlosen, die Bedürftigen, die Mutlosen, die Reichen, die Leute, die wunderschöne Autos fahren – diese gilt es alle zu lieben und nicht zu richten! Alle diejenigen, die ich mit einem großzügigen Trinkgeld beschenke, im Stillen segne oder kurz für sie bete – das werden im Laufe meines Lebens die Abertausenden sein, die Gott durch mich berührt. Das ist meine wahre Arena. Sie liegt direkt vor meinen Füßen, schon heute und jeden Tag meines Lebens.

THE GREATEST
WEAPON IS LOVE.

AND WHEN WE FIGHT,
WE FIGHT WITH THE
GREATEST OF ALL.

DAVID TOGNI
FOUNDER OF LOVEYOURNEIGHBOUR.CH

NACHWORT

Ich wünsche mir so sehr, dass du auf dieser Buchreise einen persönlichen Moment hattest, einen Moment, den du mitnehmen kannst für dein eigenes Leben ...

Wie genial wäre es, wenn wir zusammen diese Welt zu einem schöneren Ort machen könnten, indem wir den Himmel auf die Erde holen! Indem wir einfach aus dieser selbstlosen Liebe heraus leben. Denn ich glaube, wahre Liebe bedeutet, etwas zu geben, ohne etwas zu erwarten. Aus uns selbst können wir diese Liebe und diesen Frieden gar nicht haben oder er ist einfach beschränkt auf kurze Momente. Nach meiner persönlichen, langen Reise mit vielen Ups und Downs fand ich diese selbstlose Liebe nur in meinem Glauben an Jesus Christus.

Ich verstehe dich total, falls du noch nie so einen Moment hattest und denkst: „Schön, dass du diesen Jesus hast, aber was ist mit mir, ich habe doch auch schon viel geglaubt, gebetet und weiß der Geier was. Warum musste ich dies und das erleben ...?" Gerne möchte ich dich hiermit ermutigen, einfach offen zu sein und Gott zu suchen. Sei es in der Natur, sei es in der Großstadt, in Gesprächen mit Leuten, in Kirchen oder was auch immer dein Zugang ist. Du musst nicht perfekt sein oder erst etwas leisten, wenn du zu ihm kommst. Du darfst einfach du selber sein.

Viele beginnen erst dann Gottes Nähe zu suchen, wenn sie in Niederlagen oder im Schmerz gefangen sind. Das ist auch nachvollziehbar. Aber eins möchte ich dir glasklar sagen: Im Frieden zu stehen, diese grüne Aue dauerhaft in sich zu tragen, ist etwas vom Schönsten, was es gibt. Das kannst du schon in guten Zeiten machen. Denn wenn du durchs Feuer gehst oder dir die Wellen ins Gesicht schlagen, ist es von Vorteil, wenn du gestärkt bist und dir bewusst ist, welche Kraft in dir lebt. Gerade in Zeiten von Druck oder Angst zeigt sich, was in dir ist. Drückst du eine Zitrone aus, kommt Zitronensaft raus, drückst du eine Zahnpastatube aus, kommt Zahnpasta raus. Was kommt heraus, wenn du unter Druck stehst?

Soooo viele Menschen erleben eine Reizüberflutung und laufen seit langer Zeit nicht mehr in dieser Ruhe und in diesem Frieden. Aber was für eine Kraft ist es, wenn du in diesem Frieden leben darfst und dann so erfüllt bist, dass du gar nicht mehr anders kannst, als die Menschen zu ehren, zu lieben und ihnen zu helfen, an diesen Ort des Friedens zu gehen! Das wird Wellen schlagen über die Generationen hinweg.

Ich habe das große Privileg, heute meinen Traum zu leben. Persönlich glaube ich, dass es unverdient ist, ja, das nenne ich dann Grace; doch was ich auch glaube, ist, wenn ein Herz in Frieden und demütig ist, dass Gott diese Haltung liebt und mit dem gerne arbeitet und dies auch reich beschenkt.

Ja, ich ohne Gott bin so oder so nur ein Dreckspinsel, doch er gibt die Farbe dazu und zusammen malen wir schöne Bilder.

Ich will mich an dieser Stelle von Herzen bei dir bedanken, dass du dieses Buch gelesen hast, und hoffe ganz fest, dass es in deinem Umfeld Auswirkungen haben wird, weil dein Herz berührt wurde.

David Togni im Frühjahr 2016

DANK

HERZLICHEN DANK AN:

Mami und Papi, dass ihr mich für das liebt, was ich bin, und nicht für das, was ich leiste oder eben auch nicht leiste …

Bruder Mario, dass du mich so liebst, wie ich bin, auch wenn wir unterschiedlich sind. Ich liebe es, mit dir Zeit zu verbringen.

meine Schwester Anja für die 16 wunderschönen Jahre, die du uns geschenkt hast. Wir freuen uns, dich im Himmel wiederzusehen.

meine liebe Oma aus Mallorca. Danke, dass du dir immer sooo viel Zeit genommen hast für mich und mich gelehrt hast, was Familie ist und was es heißt loszulassen.

meine liebe Verwandtschaft, die immer für mich da ist und die immer wieder bereit ist, für die Familie zu kämpfen, denn Familie ist so etwas Heiliges. Danke Nonna, Nonno, Paolo, Claudia, Jessica, Marco, Stephan, Brigitte, Suzanne, Michael, Evelyne, Lea, Sandro und natürlich Madeleine mit Micha.

meine liebe Freundin Elena und mein ganzes Umfeld, dass ihr mich fest begleitet in meinem Leben. Ja, auch an all die Personen, die ich in diesem Buch nicht namentlich erwähnt habe. Aber es geht ja nicht um uns …

die LOVE YOUR NEIGHBOUR Crew, Jenny, Elena, Julia, Delila, Max, Melissa, Luggy, Michel, Michi, Beni und viele andere, dass ihr mit mir zusammen für diese Vision lebt und mit an Bord seid, dass die wichtigste Botschaft der Welt mehr und mehr rausgeht und eine Kultur prägt.

alle Veranstalter, die uns immer wieder gerne einladen und uns herzlich willkommen heißen.

Andrea, meine Autorin, und Konstanze, die Lektorin, die eine unglaublich intensive Reise mit mir gegangen sind, dass dieses Buch so herausgekommen ist, wie es nun da ist.

alle Menschen, mit denen ich es nicht einfach hatte. Dank euch durfte ich wachsen.

LOVE YOUR NEIGHBOUR

LOVE

MEHR AUF
WWW.LOVEYOURNEIGHBOUR.CH

Hat dir dieses Buch gefallen?
Schreib's uns auf www.brunnen-verlag.de
Deine Meinung zählt!